Litsch

und Co. kann man zum Keimen bringen! Es ist 20 Jahre her, dass ich eine Mango verzehrte und den Kern im Heizungskeller liegen ließ. Als ich ein paar Tage später zurückkehrte, staunte ich nicht schlecht: Der Kern war gekeimt, ein grüner Strunk wand sich aus den holzigen Hälften heraus. Den jungen Mangobaum pflanzte ich sodann in einen Topf mit Blumenerde und munitionierte mich mit Fachliteratur. Gute Erfolge erzielte ich seitdem mit Litschi, Mangostane und Cherimoya.

Die **Bezeichnung für eine weitere exotische Frucht** erraten Sie, wenn Sie sich auf folgendes Rätselgedicht einen Reim machen können:

Wortteil 1 an der Haut?
Ab zur Pediküre!
Auch müsst dran vorbei,
wer um Afrika führe.

Wortteil 2 ist bisweilen
picklig – na und?
Nicht nur im Spreewald
ist sie in aller Mund'.

ANTWORT

Gesucht war die **Horngurke**, auch als Kiwano bekannt. Sie kommt aus Afrika, und ja, sie macht ihrer Bezeichnung optisch alle Ehre.

Wer einmal selber Litschi und Co. anbauen möchte, von Hexenwerk kann dabei keine Rede sein: Kern(e) einen Finger tief in feuchter Erde einbuddeln, den Topf an einem warmen Ort mit einer Plastikfolie abdecken und feste Daumen drücken. Zwar trugen meine inzwischen stattlich gewordenen Bäume bisher keine Früchte, aber was nicht ist, kann ja noch werden.

HOBBYS UND ZEITVERTREIBE

1) Menschen verbringen ihre Freizeit unterschiedlich: Sie spielen Tennis, beobachten seltene Vögel oder betreiben Lockpicking. Lockpicking? Was soll das denn sein?

a) das Fotografieren historischer Dampfloks während der Fahrt

b) das Lochen der perfekten Wuhne (so nennt man das Loch im Eis) zum Eisfischen mit dem Pickel

c) das Knacken von Schlössern

2) Eine ganz andere Art, sich seine Zeit zu vertreiben, ist das Sammeln von Dingen, zum Beispiel Briefmarken oder Nasenhaarschneidern. Was sammelt die Schauspielerin Angelina Jolie?

a) Dolche

b) ausgestopfte Tiere

c) Zähne

Ich persönlich würde mich über eine Renaissance von Ministeck freuen – ein enorm kleinteiliger Zeitvertreib meiner Kindheit.

1c) Beim Lockpicking öffnet man Schlösser, ohne den Schlüssel dazu zu verwenden. Es werden sogar Meisterschaften ausgetragen.

2a) Hollywood-Star Angelina Jolie sammelt historische Messer und Dolche aus verschiedenen Ländern. Ihren ersten Dolch soll sie bereits im Alter von elf oder zwölf Jahren von ihrer Mutter bekommen haben.

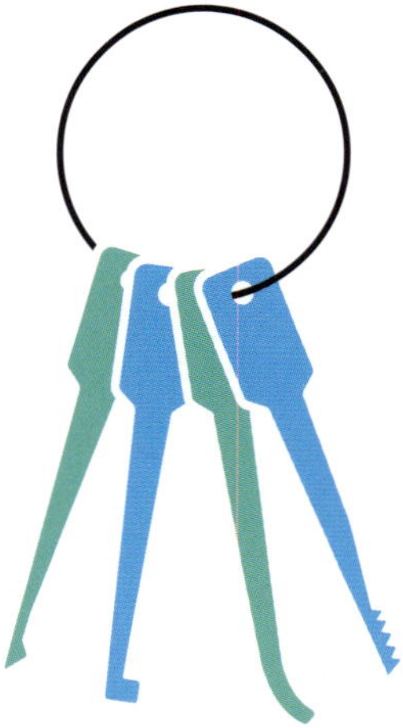

IM REICH DES KOJOTEN

1) Wo begegnet man dem sogenannten Quiet Coyote?

a) im American Museum of Natural History in New York
b) in der Schule
c) im Weißen Haus in Washington D.C.

2) Wer ist Wile E. Coyote?

a) eine Comicfigur
b) ein Indianerhäuptling
c) ein Tierfilmer und Tierschützer

1b) Jedes Schulkind hat ihn schon einmal gesehen, den Quiet Coyote. In Deutschland wird er Leisefuchs genannt. Lehrer heben dazu die Hand in die Höhe, legen Mittel- und Ringfinger auf den Daumen und strecken den kleinen Finger und den Zeigefinger hoch. Fertig ist der Fuchs, oder eben der Kojote, der den Kindern anzeigt, dass sie nun ruhig werden sollen. Da das Handzeichen anderen Zeichen mit negativen Bedeutungen sehr ähnlich ist, wird der Quiet Coyote mittlerweile seltener verwendet.

2a) Wile E. Coyote ist der Kojote aus Looney Tunes, der von dem Wegekuckuck Road Runner an der Nase herumgeführt wird. Einzig gesprochener Text zwischen den beiden ist das „Meep meep" des Road Runners.

Durfte ich gucken, in Schwarz-Weiß!

AUSFLUG IN DIE WELT DER BLÜTEN UND BLUMEN

1) Sie heißt, wie sie aussieht. Welche dieser Pflanzen gibt es wirklich?

a) Nasentulpe
b) Affenorchidee
c) Perückenrose

2) In verschiedenen Blautönen blüht die Kegelblume im April. Wie wird sie ebenfalls genannt?

a) Ouzotria
b) Bacardiana
c) Puschkinie

1b) Wenn man die Blüte dieser Orchidee betrachtet, so wirkt es tatsächlich so, als schaue man einem kleinen Löwenäffchen direkt ins Gesicht. Die Affenorchidee ist in Ecuador heimisch. Für bestimmte Fruchtfliegen sehen die Blüten aber nicht aus wie Affengesichter, sondern wie Pilze, auf die sie im wahrsten Sinne des Wortes fliegen. So werden sie angelockt und verteilen dabei auch noch Affenorchideenpollen. Und die nächste Generation Affenorchideen ist gesichert. Praktisch!

2c) Die Puschkinie wurde nicht nach dem Wodka benannt, sondern nach dem russischen Chemiker und Botaniker Apollos Mussin-Puschkin.

Marathon

M

Meinen ersten Marathon lief ich 2001 in Winterthur, meine Bestzeit 3:20 lief ich zwei Jahre später in Kandel bei Karlsruhe. So viel zu meinem persönlichen Rekord.

Der Inder Fauja Singh hält ebenfalls einen Rekord. Er ist der älteste Marathonläufer aller Zeiten. Schätzen Sie mal: **Wie alt war er, als er einen Marathon lief?**

ANTWORT

Fauja Singh lief 2011 einen Marathon in Toronto, im Alter von **hundert Jahren**.

2021 lief ich jede Woche einen Marathon, 52 Stück insgesamt. Unter den besonderen Vorkommnissen in dieser Serie möchte ich eine Kollision mit einer gar zu niedrigen Eisenbahnbrücke hervorheben. Dass ich es versäumte, meinen Kopf rechtzeitig einzuziehen, mag wohl mit Ablenkung zu tun gehabt haben: Allzu gebannt schaute ich laufend auf das Display meines Handys. Das Angebot einer Passantin, einen Krankenwagen zu rufen, schlug ich aus. Ich fürchtete, im Hospital nach der Ursache meines Unfalls gefragt zu werden. Peinlich, peinlich.

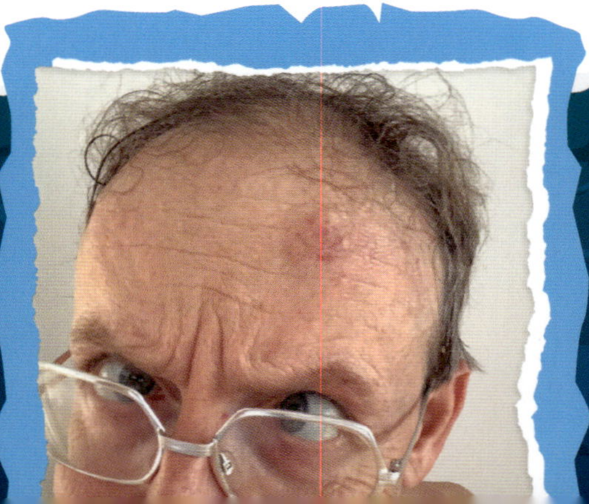

HURTIG!

1) Der Tageläufer Pheidippides gilt als erster Marathonläufer der Geschichte. Bei seinem Lauf legte er allerdings wahrscheinlich gleich mehrere Hundert Kilometer zurück. Was geschah anschließend?

a) Er wurde zum Herrscher ernannt.
b) Er starb.
c) Er trank ein Fass leer.

2) Was schaffte Sunnita Williams?

a) Sie umkreiste während eines Laufs dreimal die Erde.
b) Sie setzte während eines Sprints ihre Schuhsohlen in Brand.
c) Sie lief für einen guten Zweck drei Tage ohne Unterbrechung um ihren Wohnblock in New York.

Auf einem (verdächtig preisgünstigen) Laufband bin ich mal Marathon gelaufen. Während der fünfeinhalb Stunden Laufzeit entwickelte es einen Höllenlärm. War einer der emotionalen Tiefpunkte meines Lebens.

1b) Pheidippides lief von Athen nach Sparta (und wahrscheinlich auch wieder zurück) und bat dort um Verstärkung im Kampf gegen die Perser, die die Stadt Marathon angriffen. Anschließend soll er tot zusammengebrochen sein.

2a) Die Astronautin nahm während ihres Aufenthalts an Bord der ISS auf einem Laufband am Boston Marathon teil. Während des knapp viereinhalb Stunden dauernden Laufs umkreiste die ISS dreimal die Erde.

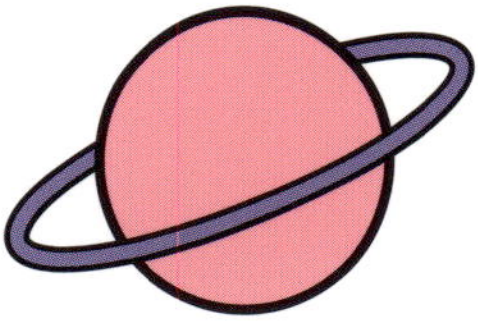

KIEL HOLEN IN KIEL

1) Ein Stadtgebiet in Kiel heißt „Stinkviertel“. Warum?

a) Dort befindet sich ein ständiger Fischmarkt.

b) Dort war einst eine Düngemittelfabrik.

c) Dort verläuft die Kanalisation bis heute überirdisch.

2) Selfie und Delfie heißen …

a) zwei Delfine, die in der Kieler Förde gesichtet wurden

b) die Maskottchen von Holstein Kiel

c) zwei bei Touristen beliebte Türme im Kieler Hafen

1b) Im Stinkviertel befand sich früher eine Fabrik, die zu Beginn des 20. Jahrhunderts aus menschlichen Fäkalien mithilfe von Schwefelsäure Dünger herstellte. Die Fäkalien wurden in Goldeimern angeliefert, so nannte man die Behältnisse zum Auffangen von Kot und Urin in Plumpsklos.

2a) Immer mal wieder tummeln sich Delfine in der Ostsee vor Kiel und sorgen für Aufsehen. 2016 konnten dort über einen längeren Zeitraum hinweg die beiden Großen Tümmler Selfie[*] und Delfie beobachtet werden.

[*] Selfie ist natürlich auch ein schöner Mädchenname, fast so gut wie Handy.

WIR SIND UMGEZOGEN!

1) Was gibt es wirklich?
a) den Rattenfänger von Köln
b) die kleine Meerjungfrau von Flensburg
c) die Hamburger Stadtmusikanten

2) Über welche Straße kann man in Bochum flanieren?
a) über den Kurfürstendamm
b) über die Königsallee
c) über die Champs-Élysées

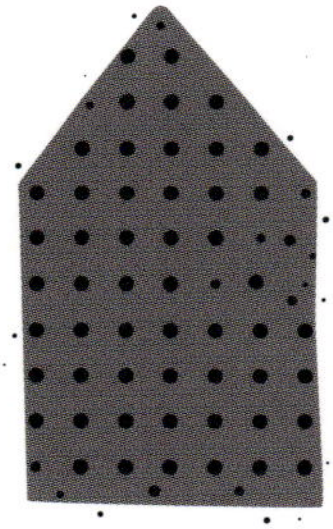

1c) In Anlehnung an die Bremer Stadtmusikanten stellten Unbekannte im Herbst 2021 eine Skulptur an der Hamburger Außenalster auf, die seitdem mit Sondernutzungsgenehmigung dort steht. Die „Hamburger Stadtmusikanten“ zeigen einen Hund, eine Katze, ein Kaninchen und eine Ratte. Die Skulptur soll ein Mahnmal für die Opfer von Tierversuchen sein.

2b) Sie ist längst nicht so pompös wie ihr Düsseldorfer Pendant, dafür wurde die Königsallee in Bochum schon von Herbert Grönemeyer in dessen Ruhrgebiets-Hymne *Bochum* besungen.

Nasenhaarschneider N

Eines meiner liebsten Sammelgebiete. Meinen ersten „Nosehair-Trimmer" erwarb ich an Bord eines USA-Fluges im Jahr 1992. Manche Scheichs sammeln Autos oder gar Flugzeuge – ich habe mir ebenfalls ein privates Technikmuseum zugelegt, allerdings reicht mir dafür ein Schrankkoffer. Im füllerförmigen Schermesser steckt die ganze Grandezza der menschlichen Kreativität – mehr geht nicht!

Eine Frage zum Thema Nasenhaar. Sie glauben gar nicht, was es gibt!

Jedes Symbol steht für einen Buchstaben.
Finden Sie es heraus?

Hier ein paar Tipps: A=●, E=☼, R=○, S=♫

☼♥▮☼▮ ♫☼○◥♥✶☼, □♥♦
☾☼□ □●▮ 🌳☼○♫✸▮☼▮ ●◐△
☺☼○●◐♫♫✶☺●◐☼▮☾☼
▮●♫☼▮☺●●○☼ ●◐△□☼○♣♫●□
□●✶☺☼▮ ♣●▮▮

ANTWORT

Es gibt ihn wirklich: **Einen Service, mit dem man Personen auf herausschauende Nasenhaare aufmerksam machen kann**. Die Website verschickt anonyme Mails an die Nasenhaarträger. Der Service kommt aus Japan.

Verwendet habe ich meine Nasenhaarschneider übrigens noch nie, sie sind allesamt originalverpackt. Wenn mir selber die Haare aus der Nase wachsen, rupfe ich sie per Pinzettengriff aus, dies ist für mich die beste Methode gegen Sekundenschlaf, etwa auf nächtlichen Radtouren. Soll man nicht, kann sogar tödlich enden, sagen Ärztinnen und Ärzte, und haben damit sicherlich recht. Ich genieße dennoch weiterhin den Nervenkitz... ha... haaa... HATSCHI!

MEUCHELMÖRDER IN WALD UND FLUR

1) Was macht die Juwelwespe?

a) Sie frisst alle ihre Larven, bis auf die größte.

b) Sie dressiert eine Kakerlake und nutzt sie als Larvenfutter.

c) Sie heftet sich an kleine Javaneraffen und sticht diese so lange, bis sie sterben.

2) Der sogenannte Fliegentöter hat es auf unterschiedliche Fliegenarten abgesehen. Worum handelt es sich dabei?

a) um einen Pilz

b) um eine Fledermaus

c) um einen Käfer

1b) Die Juwelwespe injiziert Kakerlaken ein Gift ins Gehirn, das die sehr viel größeren Schaben völlig willenlos macht.[*] Anschließend wird die Kakerlake von der Wespe am Fühler in ihren Unterschlupf gebracht. Die Wespe legt daraufhin ihre Eier auf der Kakerlake ab. Die Wespenlarven kriechen nach dem Schlüpfen in den Wirt und fressen ihn zum Schluss von innen auf.

2a) Entomophthora muscae ist der wissenschaftliche Name des Fliegentöters. Der Pilz manipuliert das Nervensystem seiner Opfer. Während er die Fliege langsam von innen verzehrt, lenkt er sie an einen geeigneten Ort, um dort aus ihrem Saugrüssel zu wachsen und Sporen zu bilden.

[*] Klingt so weit nach einem guten Krimi-Plot. Der „Tier-Tatort", sonntags, 20:15.

PURE NOSTALGIE

1) Was war ein „Sprechbrief"?

a) ein Empfehlungsschreiben zur Bewerbung als Hausmädchen, das in der Regel von Verwandten verfasst wurde

b) ein Brief, in dem der Adressat aufgefordert wurde, in einer Angelegenheit bei einem Amt oder auf der Wache vorzusprechen

c) eine frühe Form der Sprachnachricht

2) Was wurde 2021 für 870.000 Dollar versteigert?

a) ein frühes Exemplar von *The Legend of Zelda*

b) Michael Jacksons Gameboy

c) der Computer, auf dem das Ur-Tetris programmiert wurde

1c) Eine Sprachnachricht per Instant Messenger zu verschicken, ist praktisch und zeitsparend. Eine sehr frühe Form der Sprachnachricht ist der Sprechbrief. Dabei handelt es sich um besprochene Schallplatten, die mit der Post verschickt wurden. Etwa zwischen 1920 und 1960 wurden Sprechbriefe als Kommunikationsmittel genutzt.

2a) Eine originalversiegelte Version des Spiels *The Legend of Zelda* aus dem Jahr 1987 wurde für die Rekordsumme von 870.000 Dollar versteigert. Es handelt sich um das einzige erhältliche Exemplar aus einem frühen Produktionsdurchlauf.

So dünne, biegsame Schallplatten zu Werbezwecken habe ich als Kind auch in der Hand gehabt. Manometer, bin ich alt ...

SEGEL SETZEN UND ANKER LICHTEN ...

1) Wie hieß das Schiff, das in den 1960er-Jahren vor Englands Küste herumschipperte und den Piratensender „Wonderful Radio London“ beheimatete?

a) Galaxy
b) Venus
c) Rocket

2) Was geschah mit dem Tanker *S.S. Airfield*, als er zum Abwracken in die australische Homebush Bay gebracht worden war?

a) Er wurde zu einem Wald.
b) Er wurde bei einem Waldbrand zur rettenden Insel für Menschen und Tiere.
c) Er wurde zum schwimmenden Kinderspielplatz.

1a) „Galaxy“ hieß der alte Minensucher. Der Piratensender „Wonderful Radio London“ galt als legendär und half Bands wie den Beatles oder den Rolling Stones zu ihrem Erfolg. Nachdem der Sender eingestellt wurde, lag das Schiff in Kiel, bevor es 1979 in der Kieler Förde unterging und 1986 geborgen wurde.

2a) Das Schiff wurde bald von Mangroven überwuchert. Es wirkt nun wie ein schwimmender Wald und zieht Touristen an. Das Besondere: Früher war die Homebush Bay durch Industrieabwässer und Gifte verseucht, mittlerweile wurde sie renaturiert. Das Waldschiff wirkt in der Bucht wie ein Wahrzeichen ihrer Geschichte.

Oldenburg

ist die Stadt, in der ich aufwuchs. Mein Elternhaus war ein Reihenmittelhaus in einer Siedlung namens Zickzackhausen – so benannt wegen des eckigen Fassadenverlaufs. Meinen Schulabschluss erwarb ich auf der Cäcilienschule, dem traditionellen Mädchengymnasium, auf dem man noch in den 80ern das „Pudding-Abitur" ablegen konnte: Hauswirtschaft als Leistungskurs.

Als Oldenburger verzehre ich in jedem Winter mindestens dreimal Grünkohl und Pinkel: Mit der Familie, mit dem Betrieb und mit dem Verein, so wie es das Brauchtum verlangt.

Aber was ist denn „Pinkel" eigentlich?

ANTWORT

Pinkel ist eine **geräucherte Wurst**, die neben Schweinefleisch und Speck unter anderem auch Grütze enthält.

Der einzige Verein, in dem ich Mitglied bin, ist übrigens der Elvis-Presley-Fanclub von 1977, dessen Vorsitzender ich bin. Stellvertretender Vorsitzender ist Oliver Heil, aber seit Ende der Grundschulzeit gehen wir getrennte Wege. Weitere Vereinsmitglieder wurden und werden nicht aufgenommen. Es ist also ein einsames Essen.

ORTE, AN DENEN MAN NICHT SEIN WILL

1) Bei der Schweizer Schießanlage Brünnlisau …

a) wird über eine Hauptstraße geschossen
b) schießen nur Kinder
c) schießt man mit Fleischklößchen

2) In Centralia, einer Stadt im US-Bundesstaat Pennsylvania …

a) gibt es weltweit die meisten Erdbeben
b) erleben die Bewohner jedes Jahr mindestens eine Überflutung
c) brennt es seit 1962

1a) Es soll seit 20 Jahren keinen Zwischenfall gegeben haben in der Schießanlage Brünnlisau, obwohl zwischen Schießstand und Zielscheiben eine viel befahrene Straße liegt. Dass nichts passiert, liegt an einer Betonmauer, die den Schusswinkel einschränkt – sofern die Schießenden vorschriftsmäßig im Liegen abdrücken.

2c) In Centralia brennt es seit 1962, genauer gesagt unter Centralia. Damals brach in den unterirdischen Bergbaustollen ein Minenbrand aus, der bis heute nicht gelöscht werden konnte. Bald traten giftige Gase aus und der Boden brach mancherorts auf. Die Tankstelle musste aufgrund der Explosionsgefahr schließen, und nach und nach verließen die Bewohner die Stadt. Heute ist Centralia eine Geisterstadt.

Als ich zunächst davon hörte, stellte ich mir vor, man schösse unter den fahrenden Autos im Liegen hindurch. Stattdessen schießt man *über* die Autos hinweg: Die Straße verläuft wenige Meter unterhalb der Schussbahn.

EXQUISITE EINKAUFSZETTEL

1) Milch, Käse, Toilettenpapier. Einkaufszettel verraten so einiges Spannendes über ihre Ersteller. Welcher berühmte Mann schrieb einen Einkaufszettel, auf dem unter anderem „Zucker, Pfeffer, Kanonenkugeln, Pech aus Griechenland und deutsche Brillengläser“ verzeichnet war?

a) Benjamin Franklin
b) Galileo Galilei
c) Albert Einstein

2) Eine Einkaufsliste von Ludwig van Beethoven wurde 2011 versteigert. Welche Utensilien hatte Beethoven unter anderem aufgeschrieben?

a) Rasiermesser, Mausefalle, Metronom
b) Eier, Käse, Brot
c) Perückenpuder, Wein, Schellack

1b) Es handelt sich um die Einkaufsliste Galileis. Gefunden wurde sie auf der Rückseite eines Briefes. Mit den aufgelisteten Dingen baute er sein Teleskop, mit dem erstmals die Mondoberfläche betrachtet werden konnte.

2a) Beethoven hatte zu Hause scheinbar mit ungebetenen Gästen zu kämpfen, denn er benötigte eine Mausefalle. Außerdem ein Rasiermesser, Seife, ein Feuerzeug, ein Metronom und eine ominöse Zündmaschine. Die Liste wurde für 60.000 Euro versteigert.

Ob meine umfangreiche Einkaufszettelsammlung gar eine lohnenswerte Geldanlage ist? Wenn ich an meine Teilnahme am auf einer anderen Karte ebenfalls erwähnten „Paneuropäischen Kongress der Einkaufszettelsammler" denke, kommen mir da Zweifel: Es gab genau zwei Teilnehmer, meine Kollegin Clémentine Mélois und mich.

DER GARTENZWERG UND ANDERE SCHÄDLINGE

1) Der erste Gartenzwerg …

a) war aus Terrakotta und kam aus Thüringen
b) war aus Jade und kam aus China
c) war aus Porzellan und hatte keine Nase

2) Ein Hauch von Exotik und Luxus im eigenen Garten, das schuf etwa ab den 1950er-Jahren die Hollywoodschaukel. Wie kam sie zu ihrem Namen?

a) Sie wurde durch Hollywoodfilme berühmt.
b) Ernest Hollywood hieß ihr Erfinder.
c) Die erste Manufaktur entstand in den 20er-Jahren in Hollywood.

1a) Der erste Gartenzwerg wurde aller Wahrscheinlichkeit nach zwischen 1880 und 1890 in der Manufaktur Philipp Griebel im thüringischen Gräfenroda entwickelt. Obwohl der Gartenzwerg als typisch deutsche Gartendekoration gilt, so hat er doch wahrscheinlich Vorfahren aus anderen Ländern, zum Beispiel der Türkei. In der DDR waren Gartenzwerge übrigens verboten.

2a) Weiche Polster in sommerlichen Farben, ein schattenspendendes Dach mit Fransen, die im Sommerwind wehen, das sanfte Schaukeln – schon ist das Summerfeeling perfekt. Die Hollywoodschaukel war seit den 50er-Jahren in zahlreichen Hollywoodfilmen zu sehen, weshalb sie hierzulande zu ihrem Namen kam. In den USA nennt man sie nämlich einfach *garden swing*.

Schon immer eines meiner liebsten Möbelstücke – auch für drinnen übrigens.

Pullunder

P

Mein liebstes Kleidungsstück, verewigt im Doofen-Klassiker „Es geht ein Pullunder auf Reisen, zu 70 % aus Acryl. Sein Preis betrug sieben Mark neunzig, drum schwitzt sein Besitzer sehr viel“.

Ein berühmter Pullunderträger war Hans-Dietrich Genscher. **Welche Farbe hatte sein Westover stets?**

Kleiner Tipp:
Es ist die Farbe,
die auf diesem
Pullunder
den höchsten
Flächenanteil
hat.

ANTWORT

Genscher trug stets einen **FDP-gelben Pullunder**.

Vielleicht beruht meine Vorliebe für ärmellose Kunstwollwämse auf meiner Kurzarmigkeit: Durchschnittliche Pulloverärmel sind für meine Arme oftmals zu lang, werfen Falten, müssen umgeschlagen oder gekürzt werden. Meine erste Freundin nannte mich wegen meiner kurzen Arme liebevoll „Tyrannosaurus Rex", und weil sie allzeit guten Appetit hatte, revanchierte ich mich, indem ich sie mit dem Kosenamen „Brontosaurus" neckte. Die Liaison hielt nicht lange, und ich verzichte seither auf den Einsatz von Sauriernamen in zwischenmenschlichen Beziehungen. Pullunder trage ich jedoch weiterhin sehr gerne.

KLEINE FLATULENZ- UND EXKREMENTKUNDE

1) Heringe pupsen ...

a) zur Kommunikation über drei Oktaven

b) Lachgas, das Haie orientierungslos macht

c) ein Aphrodisiakum, um potenzielle Partner anzulocken

2) Wombats ...

a) scheiden braun-rot gestreiften Kot aus

b) machen Köttel in Würfelform

c) pupsen laut, um Feinde abzuwehren

Ich kannte mal einen Engländer, der *God save the Queen* perfekt pupsen konnte. Hat er durch Yoga gelernt, erzählte er.

1a) Heringe pupsen, um miteinander zu kommunizieren – und zwar gleich über drei Oktaven. Für Haie ist das trotzdem keine gute Nachricht, denn es könnte ja auch sein, dass Heringe einander auf diese Weise warnen, falls mal ein Hai aufkreuzt.

2b) Wombatköttel sehen tatsächlich aus wie kleine Würfel. Und das hat auch einen praktischen Grund: Im Gegensatz zu runden Kötteln können sie nämlich nicht wegrollen, sondern bleiben da, wo man sie legt. Wie die Heringe ihre Pupse nutzen die Wombats nämlich ihren Kot, um mit Artgenossen zu kommunizieren.

BESONDERE BAUWERKE AUS NAH UND FERN

1) In Oldenburg gibt es ...

a) eine Schule in Form einer ägyptischen Pyramide
b) ein würfelförmiges Hotel, in dem auch alle Möbel würfelförmig sind
c) einen runden Supermarkt

2) Das Basket Building in Ohio war ursprünglich ...

a) eine Sporthalle in Form eines riesigen Basketballkorbes
b) die tragekorbförmige Firmenzentrale eines Korbherstellers
c) ein Einkaufszentrum in Form eines großen Einkaufswagens

1c) Im oldenburgischen Stadtteil Kreyenbrück gibt es einen Supermarkt der besonderen Art. 2016 wurde das aus drei überlappenden Kreisformen bestehende Gebäude fertiggestellt. Es fügt sich optisch elegant in die Umgebung ein und ist ein echter Hingucker.

2b) Ursprünglich war das Basket Building die Firmenzentrale eines Korbherstellers. Das sieben Stockwerke hohe Gebäude hat die Form eines Tragekorbs. Die Henkel müssen im Winter beheizt werden, damit sie keine Frostschäden erleiden.

Da habe ich schon mehrfach eingekauft, gestaunt und mich gefreut. Eine runde Sache!

FRÜCHTCHEN

1) Ein exotisches Beerengewächs hat in den letzten Jahren an Beliebtheit gewonnen: die Avocado. Was bedeutet ihr Name eigentlich?

a) grüne Träne
b) Pickelbirne
c) Hoden

2) Was machen Kirschbauern in British Columbia nach einem Regen?

a) Sie entfernen alle Regenwürmer.
b) Sie fällen etwa 50 % der Bäume.
c) Sie trocknen die Kirschen mit Helikoptern.

1c) Avocado kommt von dem aztekischen Wort *ahuacatl,* und das heißt so viel wie „Hoden“. Eine gewisse optische Verbindung lässt sich tatsächlich nicht bestreiten.

2c) Da die Kirschen sehr empfindlich sind und platzen können, wenn sie bei Regen nass geworden sind, mieten sich Kirschbauern im kanadischen British Columbia Helikopter. Mit diesen fliegen sie nah über ihre Kirschbäume, um die Früchte durch den Wind der Rotorblätter zu trocknen und die Ernte zu retten.

Toller Tipp. Ich hab noch einen: Man kann tatsächlich mit Saturn-V-Raketen und Bindfaden kariöse Zähne ziehen.

Querflöte

Q

brachte ich mir als 13-Jähriger selber bei, wohl, weil es unter allen „erwachsenen“ Blasinstrumenten das kostengünstigste war. Wahrscheinlich gehöre ich zu den ganz wenigen Flötisten, die auf ihrem Instrument zeitweilig in einer Punkband geflötet haben. Auf Tonkonserven ist mein Spiel allerdings nur spärlich dokumentiert, weil die zarten Flötentöne sich im Punk-Kontext akustisch nicht durchsetzen konnten – so sattelte ich notgedrungen auf Saxophon um.

Kennen Sie auch den Namen der speziellen Flöte auf dem Foto?

ANTWORT

Die **Nasenflöte** ist ein putziges Blasinstrument, meist aus Plastik oder Holz. Gespielt wird sie mit Luft aus der Nase, die zurück in den Mund geleitet wird. Dort wird die Tonhöhe, wie beim Pfeifen, durch Variation des Mundraumes verändert. Die Nasenflöte fand gelegentlich sogar bei Konzerten der Punkbands *Die Toten Hosen* und *Die Ärzte* Verwendung.

Inzwischen ist die Querflöte wieder mein Lieblingsinstrument, allerdings aus einem sehr profanen Grund, den sie sich mit der Nasenflöte teilt: Sie ist deutlich leichter zu transportieren als zum Beispiel Tuba oder Konzertflügel und findet notfalls auch in der Manteltasche Platz.

(Das ist übrigens die Abschlussarbeit meines Berufspraktikums bei einem Fotografen.)

FLIEGEN AM LIMIT

1) Black Box nennt man den Flugdatenschreiber, der während des Flugs Daten aufzeichnet. Welche Farbe hat die Black Box?

a) Schwarz
b) Orange
c) Magenta

2) Ein Kunstflug ist nichts für Zartbesaitete. Bei einem Außenlooping zum Beispiel ist man nicht in der Lage ...

a) seine Füße zu bewegen
b) ein Haus zu zeichnen
c) seinen Schließmuskel zu kontrollieren

1b) Die Black Box ist gar nicht black, sie ist orange. Schließlich soll sie nach einem Absturz leicht gefunden werden.

2b) Man ist bei einem Außenlooping nicht mehr in der Lage, ein Haus zu zeichnen, da das gesamte Blut in den Kopf fließt und das Gehirn komplexere Tätigkeiten nicht mehr ausführen kann.

Genau das habe ich mal ausprobiert, im Rahmen eines Kunstfliegerwettbewerbs in Rio de Janeiro. Ich kam beim Zeichnen meines Hauses kaum bis zur Dachrinne, dann musste ich mich übergeben. Weiteres Problem: Beim Außenlooping versagen die Augen und man sieht buchstäblich schwarz. Sehr unangenehm, das.

LUSTIG, DIESE POLITIKER!

1) Was empfahl der britische Ex-Premierminister Boris Johnson Unternehmern bei einer Rede im Jahr 2021?

a) Geschäfte mit EU-Ländern
b) einen Besuch im Peppa-Wutz-Land
c) das Geld für den Friseur zu sparen

2) Die Declaration of Independence wurde zu großen Teilen von Thomas Jefferson verfasst. Warum fiel diese Aufgabe angeblich nicht Benjamin Franklin zu?

a) Weil man Angst hatte, dass er einen Gag einbaut.
b) Weil er als unorganisiert galt und man befürchtete, dass er nicht rechtzeitig fertig würde.
c) Weil man annehmen musste, dass er nicht verstanden hatte, worum es bei der Unabhängigkeitserklärung im Kern ging.

1b) Bei einer denkwürdigen Rede, während der er mehrfach den Faden verlor, wild durch seine Manuskriptseiten wühlte und verstörende Motorgeräusche von sich gab, verlor sich Boris Johnson in Schwärmereien über seinen Besuch in der Peppa Pig World, einem englischen Vergnügungspark, in dem sich alles um das bei Kleinkindern beliebte Schweinchen Peppa Wutz dreht.

2a) Benjamin Franklin war immer für einen Scherz zu haben und hatte große Freude an satirischen Äußerungen. Angeblich hat man ihn aus diesem Grund auch nicht den Entwurf für die Unabhängigkeitserklärung schreiben lassen. Man fürchtete, dass das Dokument zu viel Humor enthalten und nicht ernst genommen werden würde.

BoJo mag charakterliche Schwächen haben, aber die Rede hat mir sehr gefallen.

ORTSNAMEN, DIE GUTE LAUNE VERBREITEN

1) Im kanadischen Neufundland gibt es einen Ort namens ...

a) Penis
b) Condom
c) Dildo

2) Bis vor Kurzem gab es in Österreich eine Gemeinde namens ...

a) Fucking
b) Bad Ass
c) Altesau

1c) Dildo heißt sowohl ein kleines Fischerörtchen als auch eine davor liegende Insel in Neufundland. Dildo hat gut 1.200 Einwohner. Berühmt geworden ist das Örtchen wohl vor allem wegen seines Namens. Das Motto von Dildo: „Our Name Will Never Change!"

2a) Fucking hieß die Gemeinde, die anders als die Bewohner Dildos ihren Namen sehr wohl geändert hat. 2020 wurde aus Fucking Fugging. Nach dem ursprünglichen Ortsnamen wurde auch ein helles Bier benannt: Fucking Hell.

„Boning" heißt im amerikanischen Slang übrigens nichts anderes als Fugging früher.

Rasenanzug

In den 90ern lief ich zeitweilig in origineller Kleidung mit zweifelhaften Trageeigenschaften durch die Gegend. In meinen Anzügen aus Kunstrasen etwa war ich verstärkter Transpiration und gleichzeitig permanenter Zugluft ausgesetzt. Jüngst schlüpfte ich fürs Fernsehen wieder in die Rasentracht, eigens neu geschneidert, denn die Originalanzüge sind alle weg: Einer liegt in irgendeinem Museumsfundus, einer ging bei einem Umzug verloren, der dritte nadelte wie ein oller Tannenbaum und kam in den gelben Sack.

Allerdings war mein Rasenanzug nichts im Vergleich zu Lady Gagas Kleid, mit dem sie 2010 bei den MTV Musik Awards erschien. **Denn Gagas Kleid bestand aus …**

ANTWORT

… **Fleisch**. Genauer, aus rohem Rindfleisch. Auch Handtasche und Schuhe waren aus Fleisch. Sogar ihren Kopf zierte ein Steak. Das Outfit sorgte allerdings für einen ordentlichen … Beef. Tierschützer und Veganer waren entrüstet.

Heute trage ich oft und gerne, oh wie öde, Baumwolle. Ich öffne morgens den Kleiderschrank, greife hinein und setze ansonsten auf meine Farbenblindheit.

Merke: Aufreizende Farbkombinationen und Mustermixe erhöhen die Verkehrssicherheit!

DA MUSS MAN MAL GEWESEN SEIN ...

1) In Boring ist es ganz und gar nicht boring, denn dort kann man Folgendes besuchen ...

a) das Oregon Center of Extraterrestrial Activity
b) das United States Center of Ghostly Appearances
c) das North American Bigfoot Center

2) Auf der Isla de las Munecas, einer Insel in der Nähe von Mexico City, findet man ...

a) Hunderte auf Pfähle genagelte Tierskelette
b) lauter in den Bäumen hängende Puppen
c) die höchste wissenschaftlich belegte Dichte an Bananenspinnen

1c) Im North American Bigfoot Center findet man ihn, den Beweis, dass es den Bigfoot gibt, und zwar unter anderem in Form von Yeti-Fußabdrücken. Außerdem kann man Bekanntschaft mit Murphy machen, einer Yeti-Figur in Originalgröße.
Im Museumsshop gibt es dann noch jede Menge Yeti-Souvenirs für zu Hause.

2b) Isla de las Munecas bedeutet „Insel der Puppen“. Ursprünglich sollten die Puppen den Geist eines ertrunkenen Mädchens besänftigen, das am Strand der Insel angespült wurde. Mittlerweile ist die Insel eine Touristenattraktion. Der Anblick der vielen aufgehängten Puppen wirkt allerdings auch ohne die dahinterstehende Legende ganz schön gruselig.

ERDMÄNNCHEN MÜSSTE MAN SEIN …

1) Welche Aussage über Erdmännchen ist *nicht* korrekt?

a) Sie sind sehr pünktlich.
b) Sie tradieren ihren Tagesablauf von Generation zu Generation.
c) Sie massieren sich täglich mehrere Stunden gegenseitig.

2) Ein Erdmännchenclan …

a) besteht in freier Wildbahn aus bis zu 500 Tieren
b) wird von einem Weibchen angeführt
c) löst sich nach nur wenigen Wochen wieder auf

Ich bin pünktlich aus Leidenschaft und habe schon oft überlegt, wieso eigentlich. Hella von Sinnen sagt ja über mich, ich sei in Wirklichkeit ein Erdmännchen. Spräche also für a) …

1c) Forscher fanden heraus, dass Erdmännchen bestimmte Traditionen wie die Schlafenszeiten von Generation zu Generation weitergeben. Unterschiedliche Gruppen verschwinden nämlich zu unterschiedlichen Zeiten in ihrem Bau. Und dabei legen die possierlichen Tiere auch noch eine außergewöhnliche Pünktlichkeit an den Tag. Von gegenseitigen Erdmännchenmassagen ist nichts bekannt.

2b) Ein Erdmännchenclan hat mehr als 50 Individuen und besteht im Idealfall so lange, wie die Clanchefin lebt. Danach löst er sich auf. Das Leitweibchen zeugt die meisten Nachkommen. Um den Nachwuchs kümmern sich dann alle gemeinsam. Erdmännchen gelten als Paradebeispiel sozialen Zusammenlebens.

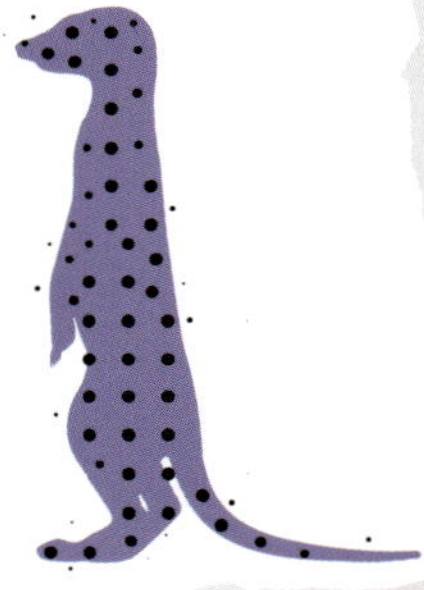

NEHMEN SIE DOCH BITTE PLATZ!

1) In dem kleinen belgischen Küstenörtchen De Haan gibt es eine Bank ...

a) die die belgische Nationalhymne spielt, wenn man sich daraufsetzt
b) auf der man neben Albert Einstein sitzen kann
c) die aus Walknochen besteht

2) Und in Rendsburg findet man doch tatsächlich ...

a) die längste Bank der Welt
b) die erste beheizte Bank der Welt
c) eine von Friedensreich Hundertwasser gestaltete Parkbank

1b) Albert Einstein lebte 1933 ein paar Monate lang im Villenviertel von De Haan, bevor er in die USA auswanderte. Noch heute kann man ihn in dem kleinen Belle-Époque-Örtchen treffen und sogar neben ihm Platz nehmen, denn eine Statue auf einer Bank erinnert an den berühmten Gast.

2a) Die längste Bank der Welt befindet sich in Rendsburg. Sie ist 575,75 m lang und bietet einen wunderbaren Ausblick auf den Nord-Ostsee-Kanal. Bei dem Rekord liefert sich Rendsburg ein Kopf-an-Kopf-Rennen mit dem thüringischen Ronneburg. Nachdem dort eine noch längere Bank für die Bundesgartenschau präsentiert wurde, verlängerten die Rendsburger ihre Rekordbank kurzerhand noch einmal und holten sich den Titel zurück!

Sonnenaufgang

Ich bin begeisterter Frühaufsteher, spätestens seit meiner kurzen Karriere als Schwarzangler. Nachdem ich als Teenager bei der Fischwilderei mehrfach erwischt worden war, verpflichtete mich mein Papa, die Angelprüfung abzulegen und mein Treiben zu legalisieren.

Kleiner Ausflug ins Anglerlatein: **Wie nennt man einen Köder in Fischform?** Ein paar Möglichkeiten gebe ich Ihnen zur Auswahl – na, bei welcher beißen Sie an?

Kleiner Tipp: Wenn Sie zwischen zwei Möglichkeiten hin- und herwackeln, helfen gute Englischkenntnisse!

ANTWORT

Wobbler wackeln im Wasser hin und her und ziehen die Aufmerksamkeit von Raubfischen auf sich (engl. *to wobble*: wackeln).

Sonderbar: Sobald ich den Angelschein besaß, fing ich keinen Fisch mehr, nicht einen, bis heute. Nachdem ich meinen Angelschein irgendwann in den 80ern verlegt habe, bleibt aus dieser Epoche lediglich meine Begeisterung für das Aufstehen um vier und über violette Dämmerungen und apfelsinenfarbene Glutbälle, die am Horizont dem Wasser zu entsteigen scheinen. Merke: Unser Dasein wird alleine schon durch dieses ebenso anrührende wie preisgünstige Spektakel, Tag für Tag frei Haus geliefert, zum schönsten aller Leben.

KEINE STRASSE WIE JEDE ANDERE

1) Die Musical Road in Lancaster, Kalifornien ...

a) spielt die Ouvertüre von *Wilhelm Tell*, wenn man darüberfährt

b) führt durch Kulissen aus verschiedenen Musicals

c) spielt eine zentrale Rolle im Musical *West Side Story*

2) Was ist das Besondere an der französischen Straße „Passage du Gois“?

a) Sie führt durch den Lebensraum von Frankreichs einziger wilder Bisonherde.

b) Sie wird bei Flut überschwemmt.

c) Sie verläuft mitten durch ein Einkaufszentrum.

1a) Ein bisschen musikalische Fantasie braucht man schon, aber man kann sie erkennen, die Ouvertüre der Rossini-Oper *Wilhelm Tell*, wenn man über die Musical Road fährt. Ursprünglich war die Straße als Marketing-Gag von Honda gebaut worden. Rillen im Asphalt sorgen für die Töne. Weil Anwohner sich über den Lärm beschwert hatten, musste die Musical Road inzwischen schon einmal umziehen.

2b) Die Straße ist nur bei Ebbe befahrbar, denn bei Flut liegt sie unter Wasser. Es gibt also nur ganz bestimmte Zeiträume, in denen die Passage genutzt werden kann, um die Insel Noirmoutier vom Festland aus zu erreichen.

Bei der Fulda Challenge in Yukon habe ich auch einen Highway aus Eis kennengelernt. Wer darauf fahren will, sollte hinne machen – wer weiß, wie lange er dem Klimawandel noch trotzen kann.

KLEINE GESCHICHTE DER GESETZE UND VERORDNUNGEN

1) Was besagt die Düsseldorfer Polizeiverordnung von 1706 unter anderem?

a) Es sollen keine Geschäfte mit Kölnern gemacht werden.

b) Rauchen auf Söllern und in Stallungen ist verboten.

c) Das Urinieren in den Rhein ist verboten.

2) Anfang des 18. Jahrhunderts wurde unter Friedrich I. eine Perückensteuer in Preußen eingeführt. Wie wurde geprüft, dass die Steuer bezahlt worden war?

a) Innen in die Perücke wurde ein Stempel gesetzt.

b) Die Perücke erhielt eine farbige Strähne.

c) Der Steuerzahler erhielt ein spezielles Zopfband, das er tragen musste, wenn er außer Haus ging.

1b) Die unter Jan Wellem aufgesetzte Polizeiverordnung besagte unter anderem, dass das Rauchen auf Söllern, so nannte man sowohl mit Säulen abgestützte Balkone und auch Dachböden, sowie in Stallungen „ernstlich verbotten“ war. Außerdem waren die Gastwirte verpflichtet, nur wohlschmeckendes Bier auszuschenken.

2a) Tatsächlich wurde innen ein Zeichen aufgestempelt. Um zu beweisen, dass der Perückenträger seine Steuer bezahlt hatte, musste er sich in aller Öffentlichkeit die Perücke vom Kopf heben lassen. Dafür waren die Königlichen Perückeninspektoren zuständig.

SCHAURIGE SCHURKEN

1) Auf einer Liste des American Film Institute der schrecklichsten Filmschurken aller Zeiten landet wer auf Platz 4?

a) Graf Orlok aus *Nosferatu*
b) Der Joker aus *Batman*
c) Die Böse Hexe des Westens aus *Der Zauberer von Oz*

2) Und wer schaffte es auf Platz 20 der Liste der schlimmsten Schurken der Filmgeschichte?

a) Ursula, die Meerhexe aus *Arielle, die Meerjungfrau*
b) der Jäger, der Bambis Mutter erschoss
c) Dolores Umbridge aus *Harry Potter*

1c) Margaret Hamilton spielte die Böse Hexe des Westens in dem Klassiker *Der Zauberer von Oz* aus dem Jahr 1939. Damit erscheint sie auf der Liste direkt hinter Dr. Hannibal Lecter, Norman Bates und Darth Vader.

2b) Er ist nie direkt im Film zu sehen und doch steht er auf Platz 20 der Liste. Kein Wunder, denn noch heute treibt die Szene, in der das verlassene Rehkitz seine Mutter im unwirtlichen Winterwald sucht, den Zuschauern die Tränen in die Augen.

Der erste Film, den ich überhaupt im Kino gesehen habe, war *Räuber Hotzenplotz* mit Gerd Fröbe. Später sah ich den privat so sympathischen Sachsen in *Es geschah am hellichten Tag* – Fröbe ist für mich der bösestmögliche Bösewicht, bis heute.

Telefonino

So nennen die Italiener das Handy, und ein bisschen beneide ich sie um dieses Wort.

Aber auch die Malteser haben **ein sehr putziges Wort für „Handy“**. Falls Sie der maltesischen Sprache nicht mächtig sind, dann finden Sie es heraus, indem Sie den Funkwellen folgen und die Buchstaben in der richtigen Reihenfolge zusammensetzen.

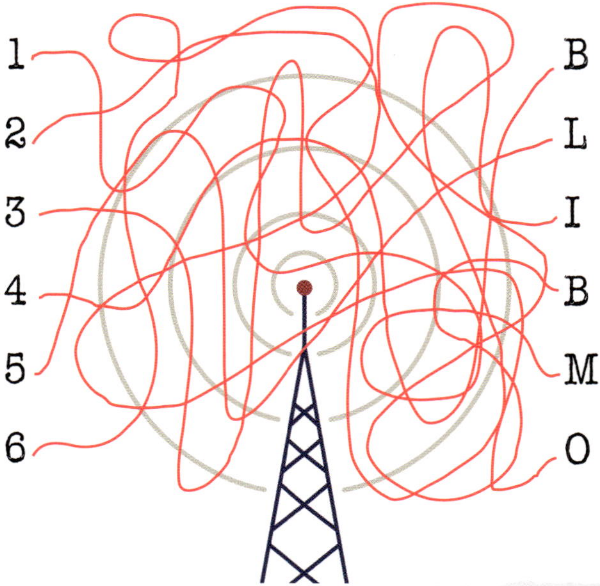

ANTWORT

Auf Maltesisch heißt das Handy **Mobbli**.

Mein erstes Telefonat im Mobilfunknetz führte ich 1988 am Strand auf der Insel Sylt, und der Hörer war per Ringelkabel mit einem kartoffelsackschweren Umhängekoffer verbunden. Am „anderen Ende der Leitung“ war Frau Rossius vom SFB, dem „Sender Freies Berlin“, der inzwischen im RBB aufgegangen ist. Ich kann mich an jedes Wort erinnern, vor allem auch an all die Worte, die im Meeresrauschen untergingen, und fand diese Form der Kommunikation sensationell. Als Kinder hatten wir ja nur Dosentelefone, und nach stundenlangen Dauertelefonaten plagten uns die tiefen, rostroten Dosenabdrücke rund um Ohr und Mund. Von wegen: Früher war alles besser!

HÜA!

1) Falls Sie einen neuen Zeitvertreib suchen, dann schauen Sie doch mal beim *Horse Man Team* vorbei. Denn dort …

a) übt man das möglichst naturgetreue Wiehern
b) springt man ohne Pferd über Hindernisse
c) übt man das elegante Traben, ebenfalls ohne Pferd

2) Auch ein schönes Hobby ist dieses, es werden mittlerweile sogar Wettbewerbe ausgetragen:

a) Alpakareiten
b) Schwimmreiten
c) Steckenpferdreiten

1b) Die „Pferdemänner“ springen über Hindernisse wie beim Springreiten, nur ohne Pferde. Die Idee stammt von drei Brüdern aus Frankreich, die eines Tages einfach versucht haben, wie ihre Pferde über Springhindernisse zu hüpfen. Daraus wurde eine Show mit Springern aus aller Welt.

2c) Das Hobby Horsing kommt aus Finnland und ist eine beliebte Sportart geworden. Bei Wettbewerben treten die Steckenpferdreiterinnen in verschiedenen Disziplinen gegeneinander an, zum Beispiel Spring- und Dressurreiten. Die Steckenpferde werden meist selbst gefertigt.

ZUGEKNÖPFT

1) Was haben Thomas Magnum, Jürgen von der Lippe und Elvis Presley gemeinsam? Sie alle hatten oder haben ein Faible für …

a) Hawaiihemden
b) Holzfällerhemden
c) Hemden mit hochgekrempelten Ärmeln

2) Welche Art von Hemdkragen gibt es wirklich?

a) Haifischkragen
b) Höckerkragen
c) Heringskragen

1a) Ihre Gemeinsamkeit sind die Hawaiihemden.[*] Die Entstehungsgeschichte der berühmten Blumenhemden ist nicht ganz eindeutig, möglicherweise liegen die Wurzeln in einem Arbeiterhemd, das über der Hose getragen wurde. Klar ist jedoch, dass sie durch Touristen in den 40er-Jahren so richtig berühmt wurden.

2a) Kent, Button-down, Kläppchen – Kragenformen sind sehr vielseitig. Beim besonders stylischen Haifischkragen stehen die wie Haifischflossen aussehenden Kragenenden weit auseinander.

[*] An bunten Hemden hat mich schon immer ihre Verkehrssicherheit überzeugt. In einem Hawaiihemd wird man als Passant nachweislich seltener überfahren als im nebelgrauen Businesskostüm.

BESONNENER BLICK IN DEN KÜHLSCHRANK

1) Pommes Schranke, so nennt man im Ruhrgebiet eine Portion frittierter Kartoffelstäbchen mit Ketchup und Mayonnaise. Woher kommt das Wort „Mayonnaise" eigentlich?

a) von „Mahon", einer spanischen Stadt
b) von „Major", da die Mayonnaise ursprünglich für Soldaten erfunden wurde
c) von „Maya", weil man die Sauce ursprünglich für eine Erfindung der Maya hielt

2) Was könnte in Weißwein enthalten sein?

a) Fisch
b) Käse
c) kleinste Glaspartikel

1a) Das Wort „Mayonnaise“ kommt aus dem Französischen und bedeutet so viel wie „aus Mahon“. Mahon ist eine Stadt auf der Baleareninsel Menorca. Hier soll die beliebte Sauce, die hauptsächlich aus Ei und Öl besteht, angeblich erfunden worden sein.

2a) Noch heute verwenden manche Winzer getrocknete Schwimmblasen von Fischen, um den Wein zu klären. Wer sich also schon mal gefragt hat, warum es veganen Wein gibt: Dort wird sowohl auf Fischblasen verzichtet als auch auf Gelatine und Hühnereiweiß, die ebenfalls bei der Klärung zum Einsatz kommen können.

Ulknudel

Ja, so nannte man uns „Comedians“ in den 90ern bisweilen, und wir schmunzelten pikiert, fühlten uns missverstanden.

Der Begriff Ulk hat sich in der Studentensprache des 19. Jahrhunderts etabliert. **Wie lautet eigentlich der Plural von Ulk?**

ANTWORT

Hört sich ulkig an, ist aber so: Der Plural von Ulk ist **Ulke**.

Zurück zur Ulknudel: Inzwischen sind mir derlei Bezeichnungsfragen egal, und ich kümmere mich lieber um die wirklich wichtigen Dinge, etwa das Essen. Ulknudeln – so heißt in meiner heimischen Küche ein schnelles, groß und klein überzeugendes Gericht, das ursprünglich meine Mama kreiert hat:

Mamas Ulknudeln

- Schalotten
- Butter
- Weißwein
- Sauce hollandaise
- Thunfisch aus der Dose
- Kapern
- Nudeln

- Schalotten halbieren und braten, dann mit Weißwein ablöschen.
- Sauce hollandaise, Thunfisch aus der Dose und reichlich Kapern dazu.
- Passt prima zu Spirelli oder ähnlicher Jugendherbergspasta.

Dazu trinke ich am liebsten Gänsewein. Wohl bekomms!

SCHNEE

1) Welche Art von Schnee gibt es wirklich?
a) Pfaffenschnee
b) Büßerschnee
c) Pilgerschnee

2) Auf welcher dieser europäischen Inseln findet man ein Skigebiet?
a) auf Kreta
b) auf Ibiza
c) auf Teneriffa

Ich habe erst mit über 30 das erste Mal auf Skiern gestanden. Schwere Abfahrten sind mir bis heute unheimlich – auf der anderen Seite habe ich selber an Skilanglaufveranstaltungen teilgenommen, nämlich am „Ski Heul" – 24 h am Fuße des Tegelbergs im Ostallgäu. Meine persönliche Bestleistung über 24 h sind 219 km.

1b) Büßerschnee entsteht zum Beispiel in den Anden bei gleichzeitiger starker Sonneneinstrahlung und geringer Luftfeuchtigkeit. Das Ergebnis sind bis zu sechs Meter hohe Skulpturen aus Schnee und Eis in gleichmäßigem Abstand zueinander, die optisch stark an spanische Pilgerer in ihren weißen Gewändern erinnern.

2a) Am besten eignen sich die Monate zwischen Januar und April, um auf den schneebedeckten Bergen Kretas Ski zu fahren.

AUS DER WELT DES ADELS

1) Was gibt es wirklich als Freizeitveranstaltung für den Nachwuchsadel?

a) Feiern mit Freiherrn
b) Grafen am Hafen
c) Adel auf dem Radel

2) Was ist das Besondere an Ritter Christian Friedrich von Kahlbutz, der im 17. Jahrhundert lebte?

a) Er ist unerklärlicherweise bis heute nicht verwest.
b) Er hat angeblich nie etwas gegessen.
c) Er zog nie in den Kampf, sondern löste Konflikte diplomatisch, indem er Angreifern Geschenke machte.

1c) „Adel auf dem Radel“ heißt eine sommerliche Veranstaltung für den Nachwuchsadel. Blaublütige Jugendliche radeln gemeinsam von einem Schloss zum anderen und haben dabei die Möglichkeit, einander kennenzulernen.

2a) Von Kahlbutz – manchmal auch Kalebuz genannt – ist nie verwest, obwohl er nach Ansicht diverser Fachleute nicht mumifiziert wurde. Noch heute kann sein Leichnam in der Kalebuz-Gruft in Kampehl in der Mark Brandenburg besichtigt werden. Angeblich soll die Mumie in der Vergangenheit schon mal von den Ortsbewohnern aus der Gruft genommen worden sein, um damit Streiche zu spielen. Zum Beispiel soll die Mumie einem Brautpaar in der Hochzeitsnacht ins Bett gelegt worden sein.

FANFAREN, PAUKEN UND TROMPETEN

1) Wie heißt eine walisische Leier?

a) Crwth
b) Grthl
c) Wrtht

2) Was wurde 2004 in Boston gegründet?

a) ein Trichter-Blasorchester
b) ein Schreibmaschinen-Orchester
c) ein Quietschende-Reifen-Orchester

Aufgrund einer baulichen Eigenart meiner Nase bin ich in der Lage, durch starkes, abruptes Ausatmen einen gleichbleibenden Ton zu produzieren, nämlich ein eingestrichenes h. Eignet sich gut als Stimmgabel-Ersatz.

1a) Die Crwth (sprich Crooth) ist eine Laute aus dem mittelalterlichen Wales, die gezupft und später auch gestrichen wurde. Crwth ist das walisische Wort für Geige.

2b) Die Idee zum *Boston Typewriter Orchestra* entstand 2004, als der Künstler Tim Devin in einer Bar auf einer Schreibmaschine herumtippte und damit die Kellnerin nervte. Er antwortete mit: „It's OK ma'am. I'm the conductor of the Boston Typewriter Orchestra." Schon bald suchte er nach Mitstreitern und gründete das Schreibmaschinenorchester tatsächlich.

Venedig

Mehrfacher Zielpunkt langer Fahrradtouren. Das letzte Mal auf einem Klapprad, von Garmisch über den Passo Manghen, am heißesten Tag des Jahres in Oberitalien. Um nicht vollständig durchgebacken zu werden, legte ich auf den letzten 200 Kilometern etliche Stopps ein.

Wenn Sie wissen wollen, wo, dann fügen Sie die Fotostreifen korrekt zusammen!

ANTWORT

Ich pausierte in allen **Eisdielen**, die sich am Weg befanden. Eisdielen, so war mein Kalkül, sind besser klimatisiert als beispielsweise Imbissbuden. Außerdem bieten sie dem Ausdauerklappradler den perfekten Kompromiss zwischen leistungsfördernder Pasta und zuckersüßer Belohnung, nämlich: Spaghettieis. Nach 25 Stunden Alleinfahrt und Vertilgung ungezählter Portionen erreichte ich, nervlich instabil, aber dennoch gut gelaunt, die Lagune, klappte das Rad zusammen und fuhr ohne weiteren Aufenthalt im Schlafwagen zurück nach Deutschland.

SCHON MAL GEHÖRT?

1) Wer benötigt für seine Arbeit einen Zerwirktisch?

a) der Chirurg
b) der Jäger
c) der Schmied

2) Und aus welchem Handwerk kommt der Begriff „Schrühware“?

a) Töpfern
b) Korbflechten
c) Schreinern

1b) „Zerwirken“ kommt aus der Jägersprache und bezeichnet das Enthäuten und Zerlegen von Schalenwild. Zum Schalenwild gehören die Paarhufer, darunter Hirsche, Wildschweine oder Ziegen. Das Zerwirken macht der Jäger auf einem Tisch, und den nennt man Zerwirktisch oder auch Zerlegetisch.

2a) Schrühware nennt man Keramik, die bereits gebrannt, aber noch nicht glasiert wurde. Das Erhitzen von Keramik vor der Glasur nennt man Schrühbrand.

KLORIGINELL!

1) Was für ein Kunstwerk findet man im New Yorker Guggenheim-Museum?

a) eine goldene Toilette
b) eine Klobürste von Picasso
c) einen konservierten und mit Diamanten besetzten Hundehaufen

2) Wer in der Bar „Safehouse“ in Milwaukee die Damentoilette aufsucht, trifft dort auf einen nackten ...

a) Donald Trump
b) Burt Reynolds
c) Brad Pitt

Ich bin begeisterter Nutzer eines Plumpsklos. WCs finde ich überbewertet.

1a) Die goldene Toilette des italienischen Künstlers Maurizio Catellan aus 18-karätigem Gold steht seit 2016 im New Yorker Guggenheim-Museum, trägt den Namen *America* und kann tatsächlich von Besuchern benutzt werden.

2b) Ein nackter Burt Reynolds prangt in der Damentoilette der Bar, lediglich seine vulnerable Körpermitte ist durch ein eisernes Herz bedeckt. Sollte eine neugierige Gästin das Herzchen bewegen, werden über einen Alarm alle Gäste informiert.

PERLEN DER GESCHICHTE

1) Welche Aussage stimmt *nicht*?
Die Mainzer Republik …

a) war der erste demokratische Freistaat auf heute deutschem Gebiet
b) bestand nur vier Monate lang
c) wurde nie offiziell gegründet

2) Stars and Stripes, so nennen die US-Amerikaner ihre rot-weiß-blaue Flagge. Wer entwarf das aktuelle Design der Flagge mit den 50 Sternen für 50 States?

a) ein 17-jähriger High-School-Student
b) ein Straßenmaler
c) der US-Präsident persönlich

1b) Die Mainzer Republik bestand von März bis Juli 1793, dann eroberten preußische Truppen das Gebiet.

2a) 1958 bestanden die USA noch aus 48 Bundesstaaten, doch ein Beitritt Alaskas und Hawaiis zeichnete sich ab. Dies inspirierte den Schüler Bob G. Heft, für ein Schulprojekt eine neue US-Flagge mit 50 Sternen zu nähen. Der Lehrer hingegen fand Hefts Projektidee eher uninspiriert und gab ihm die Note B-. Er versprach jedoch scherzhaft, die Note in ein A zu verwandeln, sollte die Regierung den Entwurf annehmen – was 1960 tatsächlich geschah: Heft reichte seinen Entwurf ein und er wurde persönlich von Präsident Eisenhower zur offiziellen Verkündungszeremonie eingeladen.

Winnetou

Der Häuptling der Apachen war zweifellos der größte Held meiner Kindheit (ehe er bald nach meinem zehnten Geburtstag von Elvis Presley abgelöst wurde). Ähnlich müssen wohl auch die Eltern von Winnetou Ulf Kampmann empfunden haben, eines Architekten und Stadtplaners, der in Berlin zahlreiche Spuren hinterließ. Ja, der Name Winnetou ist in Deutschland ein anerkannter männlicher Vorname, laut Namensinstitut der Universität Leipzig mit Mini-Boom in den 80ern – also kann man mit etwas Glück auch hierzulande einem echten Winnetou über den Weg laufen!

Wo wir gerade bei kuriosen Vornamen sind: Kommen Sie drauf, **welche Getränkemarke diesen realen Vornamen komplettiert?**

_ _ _ _ _-C A R O L A

~~MTFUBX~~

ANTWORT

1959 zahlte Pepsi einem Hamburger Ehepaar 10.000 Mark dafür, dass es seine Tochter **Pepsi-Carola** nannte. Bis heute ist erstaunlicherweise kein weiteres Kind dieses Namens bei den Standesämtern verzeichnet.

Zurück zu Winnetou: Irgendwann Mitte der 70er wünschten sich ausnahmslos alle Kinder in meiner Nachbarschaft zu Weihnachten ein Winnetou-Kostüm – weiß und mit Fransen, somit, wie mir gerade auffällt, den Auftrittskostümen des späten Elvis Presley nicht unähnlich. „Cultural appropriation“ war noch kein Thema, sämtliche Wünsche wurden erfüllt, und am ersten Weihnachtstag traf sich ein Dutzend kleine Winnetous zum Cowboy-und-Indianer-Spiel, mit unerfreulichen Folgen: Wer ist der echte Häuptling, wer nur Bleichgesicht? Der Streit zog sich bis Ostern hin – dann waren die meisten Kostüme eh vom vielen Kämpfen im Modder grau geworden.

FAMOSE FLUGZIELE

1) Welche Aussage über den Flughafen Helgoland-Düne trifft *nicht* zu?

a) Er befindet sich nicht auf Helgoland.
b) Er besitzt die für den gewerblichen Flugverkehr kürzesten Start- und Landebahnen Deutschlands.
c) Ampeln warnen Fußgänger vor tief fliegenden Flugzeugen.

2) Der Flug von Westray nach Papa Westray ist der kürzeste Linienflug der Welt. Wie lange dauert er?

a) zwei Minuten
b) zwölf Minuten
c) 22 Minuten

Im Transitbereich des Flughafens in Dubai hatte ich mal nachts dreieinhalb Stunden Umsteigezeit, die ich mit einer 10-km-Wanderung gefüllt habe (immer im Kreis).

1c) Der Flughafen Helgoland-Düne befindet sich natürlich auf Helgoland und verfügt über die kürzesten Start- und Landebahnen, die kürzeste ist nur 370 m lang. Da muss ein Pilot schon einiges an Erfahrung mitbringen. Da es tatsächlich hin und wieder zu Bruchlandungen kommt, warnen Ampeln die Fußgänger am Strand vor nahenden Fliegern.

2a) Zwei Minuten dauert ein Flug von Westray nach Papa Westray, zwei Inseln in Schottland; bei guten Windverhältnissen sogar nur etwas weniger als eine. Kein Wunder, denn die Flugstrecke beträgt nicht mal drei Kilometer.

TODAY IS THE DAY ...

1) Was findet jährlich am zweiten Märzwochenende statt?

a) der Tag der offenen Töpferei
b) der Weltfußpflegetag
c) der Tag der Wanderdüne

2) Wann ist der Welt-Pi-Tag?

a) 4. Mai
b) 14. März
c) 24. April

Mein Lieblingsaktionstag ist der 10. Januar: Weltblockflötentag. Da kriege ich das gelochte Rohr quasi gar nicht mehr aus'm Mund.

1a) Jedes Jahr am zweiten Märzwochenende findet in Deutschland der Tag der offenen Töpferei statt. Hier können Interessierte an zahlreichen Standorten in der Bundesrepublik Töpfer- und Keramikwerkstätten und Ateliers besuchen und das Handwerk ein bisschen besser kennenlernen.

2b) Welt-Pi-Tag ist am 14. März, amerikanisch ausgeschrieben 3/14, also die gleiche Zahlenabfolge wie Pi = 3,14. Eine ähnliche Zahlenspielerei macht den 4. Mai zum Star-Wars-Tag, denn „May, the Fourth" erinnert an das berühmte Filmzitat „May the force be with you", also „Möge die Macht mit dir sein".

HOCH DIE TASSEN!

1) Was ist das Besondere an der Bar „Ballie Ballerson“ in London?

a) Es gibt dort ein Bällebad.

b) Getränke werden in halben Fußbällen serviert, die bei Spielen von Arsenal London im Einsatz waren.

c) Man schießt sich dort gegenseitig mit Ballkanonen ab.

2) Und in der Bar „Madame Claude“ in Berlin ...

a) steht alles Kopf

b) watet man durch knöcheltiefes Wasser

c) gibt es weder Getränke noch Speisen

Ich war mal zum Mittagessen in einem Lokal auf dem Wochenmarkt in Serekunda (Gambia), in dem Fufu (Maniokwurzelmus) in Maurer-Mörteleimern serviert wurde.

1a) Im „Ballie Ballerson“ gibt es ein Bällebad, in dem Feierlustige abends ihren Spaß haben können. Und hygienisch ist das Ganze auch noch, die Bälle werden nämlich wöchentlich mithilfe einer speziellen Bällchenreinigungsmaschine gesäubert.

2a) Alles steht Kopf im „Madame Claude“ in Berlin Kreuzberg, denn die Möbel hängen an der Decke. Früher war die Bar ein Bordell, heute spielen dort Livebands.

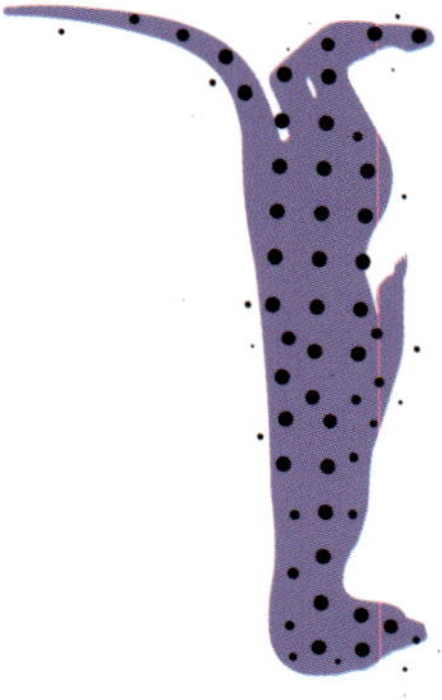

Xina

heißt ein Stück des Delmenhorster Komponisten Hans-Joachim Hespos, an dessen Uraufführung ich 1987 in der Kölner Musikhochschule mitwirken durfte. Meine Aufgabe bestand darin, einem kaputten Sopranosaxophon schrille Klänge zu entlocken, während ich mit dem rechten Fuß ein auf dem Boden liegendes Harmophon malträtierte.

Eine ganze Ecke größer (und weit verrückter) inszenierte 1922 der russische Komponist Arseni Awraamow seine *Symphonie der* ... na? Finden Sie den Weg durch's Labyrinth, **dann kennen Sie den Namen**!

ANTWORT

Die **Symphonie der Sirenen** wurde 1922 in Baku, Aserbaidschan, uraufgeführt. Awraamow dirigierte selbst, und zwar gleich die ganze Stadt mithilfe von Signalflaggen und einem Feldtelefon von einem Turm aus. Zu hören sind Fabriksirenen, Alarmtöne, Kriegsschiffe, Chöre und weitere Geräusche der Stadt.

Zurück zu Hespos: Mit ihm verbinde ich noch einige tönende Abenteuer, etwa eine Türkei-Tournee mit dem Stück „Seiltanz“, bei dem ich so lange mit einer Badeente, einer Zahnbürste und einem LKW-Reifen hantierte, bis sich wiederum Ulrik Spies mit einem Schweißbrenner aus einem verschraubten Öltank befreit hatte. Lustig war’s, radiotauglich nur bedingt.

WELCOME TO GERMANY!

1) Aus historischen Altstädten ist es hierzulande nicht wegzudenken: Kopfsteinpflaster! Wie lautet eine andere Bezeichnung für den beliebten Straßenbelag?

a) Kinderkopfpflaster
b) Katzenkopfpflaster
c) Krötenkopfpflaster

2) Was soll einer Legende nach zur Form der Brezel inspiriert haben?

a) die verschränkten Arme von Mönchen
b) kopulierende Kreuzottern
c) ein Regenwurm, der am Morgen vor der Bäckerstube lag

1b) Das Katzenkopfpflaster ist eine besondere Art des Kopfsteinpflasters. Die kleinen runden Steine erinnern tatsächlich ein bisschen an Katzenköpfe.

2a) Mönche, die ihre Arme zum Gebet vor dem Körper verschlingen – das soll den Mönch, der die Brezel angeblich erfunden hat, zu ihrer Form inspiriert haben. Das Wort „Brezel“ kommt vom lateinischen *Bracchium* und bedeutet „Arm“. Eine lustige Legende gibt es auch zur Entstehung der Laugenbrezel: Sie besagt, dass die Katze eines Bäckers gegen ein mit Brezeln belegtes Blech gesprungen sei, woraufhin diese in einen Eimer mit Reinigungslauge gefallen seien. Dem Bäcker blieb keine Zeit, neuen Brezelteig zuzubereiten – und so buk er zum ersten Mal Laugenbrezeln.

WER HAT'S ERFUNDEN?

1) Welche Marke warb in den 1970er-Jahren mit dem Werbeslogan: „Bei uns gibt's was unter den Popo"?

a) Ikea
b) Hakle
c) Gazelle

2) Sagt Ihnen der Name „Frau Bratbecker" noch etwas? Für welches Unternehmen warb die Figur in den 90er-Jahren mit dem Satz „Hermann, das verrückte Huhn ist wieder da!"?

a) McDonald's
b) Gutfried
c) Wiesenhof

1a) Der Slogan stammt von Ikea. Weitere Slogans des schwedischen Möbelhauses waren: „Nur Stehen ist billiger“, „Mehr Geschmack als Geld“ und „Wohnst du noch oder lebst du schon?“.

2a) Bei einer Reihe von Werbespots der Fast-Food-Kette McDonald's wird die arme Frau Bratbecker in den unterschiedlichsten Lebenssituationen per Telefon von einem gackernden Huhn gestalkt, woraufhin sie jedes Mal ihren Mann Hermann zu Hilfe ruft.

Werbetexter – das wäre auch ein Job für mich. Ich bin hobbyhalber spezialisiert auf Slogans für Stadtmarketing, wobei alle meine Vorschläge bisher abgelehnt wurden. Highlights: „Yes, we Köln“, „Kiel Spaß!“, „Gotha Be Go!“, „Unna nahbar“, „Waiblingen – auch für Männer!“, „Witten, dass?“ oder „Wer spricht von Siegen – Überleben ist alles!“.

Yukon

Da war ich mal, als Teilnehmer der „Fulda-Challenge“, eines sportlichen Mehrkampfes mit zehn Disziplinen. Wenn Sie jetzt verwirrt einwerfen, dass Fulda gar nicht im Yukon liegt – stimmt, der Name bezieht sich auf einen Reifenhersteller, der das Event unterstützt.

Ich trat im Team mit einer deutschen Spitzensportlerin an, die in ihrer unvergleichlichen Karriere gefühlt 59 Goldmedaillen gewann (real waren es acht Gold- und vier Silbermedaillen, was sie zur erfolgreichsten deutschen Olympionikin macht). Geboren wurde sie 1962 in Brandenburg an der Havel. Ihr Olympia-Debüt absolvierte sie 1980 in Moskau, und, klar, sie gewann gleich Gold. Ihre letzte Goldmedaille gewann sie in Athen, ganze 24 Jahre später. Ihre Disziplin? Eine, die ganz gut zum Yukon passt, denn ihr Sportgerät wurde bereits von den Ureinwohnern hier verwendet.

Kennen Sie den Namen meiner Teamkollegin?

ANTWORT

Klar, die Rede ist von **Birgit Fischer**, der deutschen Ausnahme-Kanutin.

Am ersten Abend im Yukon saß ich vor unserem Zelt, und bestaunte das Lichterspiel am Himmel und seufzte „Polarlichter! Dass ich dieses Spektakel endlich mal erleben darf!“ Meine in dieser Gegend erfahrenere Teamkollegin korrigierte mich: „So’n Quatsch! Das ist die Lasershow der Disko in der Stadt Whitehorse.“ Aha.

AB AUF DIE WAAGE!

1) Ein durchschnittlicher Quadratmeter Deutschland ist im Vergleich zu einem durchschnittlichen Quadratmeter Österreich ...

a) schwerer
b) leichter
c) etwa gleich schwer

2) Wenn Deutschland 28 Billiarden Tonnen wiegt, wie schwer ist dann wohl Bayern?

a) sechs Billiarden Tonnen
b) acht Billiarden Tonnen
c) zehn Billiarden Tonnen

1b) Bis zur Erdkrustengrenze gemessen bringt Deutschland 28 Billiarden Tonnen auf die Waage. Bei Österreich sind es 9,4 Billiarden Tonnen. Da Deutschland viermal so groß ist wie Österreich, heißt das im Schnitt: Ein Quadratmeter Österreich ist schwerer als ein Quadratmeter Deutschland. Und woran liegt das? Vereinfacht gesagt: vor allem am unterirdischen Teil der Alpen. Die Gesteinskrusten unter der Erde machen Österreich zu einem solchen Schwergewicht.

2a) Bayern ist sechs Billiarden Tonnen schwer, Nordrhein-Westfalen 2,8 Billiarden und Berlin 82 Billionen Tonnen. Weil die Erdkruste im Norden dünner ist, wiegt Hamburg nur 57 Billionen Tonnen.

KÖRPERSEKRETE: WAS SIE SCHON IMMER WISSEN WOLLTEN

1) **Husten gibt es auf ganz unterschiedliche Arten: trockenen Husten, schleimigen Husten, krampfartigen Husten ...**
Wie nennen Ärzte fachsprachlich Husten mit Auswurf?

a) produktiver Husten
b) erlösender Husten
c) gelierter Husten

2) **Welches Wort aus unserem Wortschatz stammt von einem Wort für „Nasensekret“ ab?**

a) Rost
b) Schnösel
c) Schnepfe

Ohrenschmalz, so las ich vor Jahren in einer Fachzeitschrift, eignet sich hervorragend als Möbelpolitur. An meinem historischen Cembalo habe ich die Pflegeeigenschaften eingehend getestet und kann gute Ergebnisse vermelden.

1a) Husten mit Auswurf wird als produktiver Husten bezeichnet. Dabei gilt: je grüner der Schleim, desto schlimmer ist es oft. Auch Bröckchen verheißen häufig nichts Gutes.

2b) Das Wort Schnösel bezeichnet einen arroganten, eingebildeten Menschen und kommt von Schnodder, umgangssprachlich für Nasenschleim. Auch Menschen, die keine Manieren haben, bezeichnet man als schnodderig.

Zylinderhut

Der Chapeau claque wird als Kopfbedeckung weithin unterschätzt. Dabei bietet er praktische Vorteile: Zusammengeklappt kann man ihn als Sitzunterlage benutzen, etwa beim Picknick oder beim Stadionbesuch. Regendichte Zylinderhüte wurden früher aus Tierfell gefertigt. Kommen Sie durch den Steckbrief darauf, **um welches Tier es sich handelte?**

Name: Talpa europaea

- **Körpergröße:** zwischen 11 und 16 cm
- **Verbreitung:** von Großbritannien bis Kasachstan
- **Hauptnahrung:** Regenwürmer
- **Lebensraum:** auch in menschlichen Siedlungen anzutreffen, dort ob der Begeisterung des Tieres für Terraforming nicht immer willkommen
- **In der Sprache:** wird sprichwörtlich im Bezug auf mangelnde Leistungen eines bestimmten Sinnesorgans genannt
- **In der Literatur:** macht bei Wilhelm Busch Bekanntschaft mit Gärtner Knoll, leidet zudem in einem bekannten Kinderbuch unter unsachgemäßer Fäkalentsorgung

ANTWORT

Tatsache: Zylinder wurden früher gern aus dem wasserdichten Fell possierlicher **Maulwürfe** gefertigt. Reden wir lieber über einen weiteren Vorteil des Klapphutes: viel Stauraum, etwa für hartgekochte Eier. Der Vater meines Freundes Hannes war Schornsteinfegermeister im Allgäu und bekam von jedem Bauern, dessen Kamin geputzt wurde, ein Ei, quasi als Trinkgeld.

Besonders bewährt hat sich der Transportzylinder übrigens auf meinen Nacktwanderungen, die ich gelegentlich im Zillertal durchführe. Neben hartgekochten Eiern habe ich auch Sonnencreme und Personalausweis im Hut.

SCHRULLIGE SPORTARTEN

1) Wem die Bundesliga zu fade geworden ist, dem sei ein Blick nach England empfohlen, wo jährlich das *Shrovetide*-Fußballspiel stattfindet. Was ist das Besondere an diesem Wettbewerb?

a) Der „Ball" ist lebendig.
b) Es treten zwei Dorfhälften gegeneinander an.
c) Das Spielfeld schwimmt in der Nordsee.

2) Eine Person mit wabbligem Golfschläger schießt eine Gummischeibe auf schildertragende Protestierende – so könnten Unwissende eine Schweizer Nationalsportart beschreiben, die wie heißt?

a) Wispen
b) Hemmeln
c) Hornussen

1b) Beim Royal Shrovetide Football spielen die beiden Dorfhälften von Ashbourne gegeneinander, die Up'ards gegen die Down'ards. Das Spielfeld umfasst das gesamte Dorf samt Fischteich und Fluss, die Tore sind die Mühlsteine der Mühlen auf der jeweiligen Seite. Hunderte Spieler treten gegeneinander an – und zwar mit äußerster Vehemenz, um nicht zu sagen, Brutalität. Nur wenige Regeln gibt es: Friedhöfe und Kriegsdenkmäler sind tabu! Außerdem darf keiner der Spieler getötet werden. Na dann ...

2c) Merkwürdig sieht es schon aus: Beim Schweizer Traditionssport Hornussen geht es darum, den Nouss ins Feld der gegnerischen Mannschaft zu schlagen. Die dortigen Abtuer versuchen mit holzschildähnlichen Schlägern, den Nouss abzuwehren. Die erste Erwähnung des Spiels stammt aus dem 17. Jahrhundert.

Habe ich auch mal ausprobiert, für ein lustiges Sportmagazin im Fernsehen. Ist leider nie gesendet worden.

SCHIEFE TÖNE

1) Florence Foster Jenkins' legendär schiefe Opern-Interpretationen brachten ihr 1944 ein ausverkauftes Konzert in der Carnegie Hall. Wer spielte die Hauptrolle im 2016 erschienenen Film über das Leben der „Königin der Dissonanzen"?

a) Kate Blanchett
b) Meryl Streep
c) Diane Keaton

2) Am Horn von Afrika kam es bis vor Kurzem immer wieder zu Angriffen durch somalische Piraten. Die Britische Handelsmarine fuhr schwere Geschütze auf und berieselte die Piraten mit …

a) Musik von Britney Spears
b) der Titelmusik der *Muppet Show*
c) Arien aus *Turandot*

1b) Meryl Streep spielte im Film *Florence Foster Jenkins* die Rolle der vermögenden Amateursängerin, deren stimmliches Talent derart begrenzt war, dass sich Anfang des 20. Jahrhunderts ein wachsendes Publikum für ihre unterhaltsam schiefen Darbietungen zu begeistern begann. Kurz nach ihrem legendären Auftritt in der Carnegie Hall erlitt Florence Foster Jenkins einen Herzinfarkt und starb wenige Wochen später.

2a) Die Hits von Britney Spears, beispielsweise *Oops! I Did It Again!* oder *Baby One More Time*, wurden in Richtung der Piraten gespielt, um diese abzuschrecken. Da die somalischen Piraten diese westlichen Klänge anscheinend sehr abstoßend fanden, hielten sie sich eher fern und fuhren lieber schnell weiter. Mittlerweile sind Piratenangriffe am Horn von Afrika seltener geworden – mit Britney hat diese Entwicklung allerdings eher nichts zu tun.

Sagen wir mal so: *Oops I Did It Again* verhilft auch mir nicht unbedingt zu mehr Fleiß.

Alpensalamander

A

Mein Lieblingstier. Glänzt schön schwarz und geht am liebsten bei Regenwetter spazieren. Weil sie auf die Abschreckungswirkung ihrer leicht giftigen Haut vertrauen, nehmen Alpensalamander nicht Reißaus, wirken recht zutraulich. Große Sympathie hege ich auch für das Shetlandpony. War ich in einem vorigen Leben, und erst unlängst biss mich ein ehemaliger Artgenosse in die Schulter. Da war wohl noch eine Rechnung offen.

Ein weiteres Tier, das ich gerne mag, hat optisch große Ähnlichkeit mit mir – zumindest, wenn man meiner geschätzten TV-Kollegin Hella von Sinnen glaubt, die mir diese Ähnlichkeit immer wieder attestierte. Hier der Fotobeweis! Was glauben Sie, **um welches Tier handelt es sich?**

ANTWORT

Hella von Sinnen behauptet, ich sähe einem **Erdmännchen** besonders ähnlich, zumal wenn ich Männchen mache und pfeife. Mehr über diese bemerkenswerten Tiere erfahren Sie übrigens auf der entsprechenden Quizkarte!

Seit Kindertagen fasziniert mich auch die Trottellumme, zuvörderst wohl wegen ihres Namens. Kleine Zwischenfrage: Wissen Sie, zu welcher Tierklasse die Trottellumme gehört? Na?

Die Trottellumme ist ... ein Vogel. Man findet sie zum Beispiel auf Helgoland, auf den Lummenfelsen, die nach den Seevögeln benannt sind. Sehr praktisch: Trottellummen legen spitze Eier, die nicht vom Felsen kullern können. Erwähnenswert ist auch der Lummensprung: Dabei stürzen sich die Jungvögel, den Rufen ihrer Eltern folgend, vom Felsen hinunter ins Meer. Von einer Übernahme dieser Erziehungsmethode in die menschliche Frühpädagogik würde ich eher abraten.

HERUMSTEHEN UND ANDERE UNTERSCHÄTZTE TÄTIGKEITEN

1) Suresh Joachim hat viele Weltrekorde gebrochen, unter anderem den im Auf-einem-Bein-Stehen. Wie lange hielt er aus?

a) 24 h und 3 min
b) 48 h und 58 min
c) 76 h und 40 min

2) Vernon Kruger brach einen Weltrekord, indem er über zwei Monate ...

a) in einem Fass auf einem Pfahl wohnte
b) in einem Sarg unter der Erde wohnte
c) in einem Ruderboot auf einem See wohnte

Ein Guinessbuch hatte ich bereits als Grundschüler – eine prägende Lektüre bis heute. Besonders faszinierte mich das Bild eines Mannes mit meterlangen Fingernägeln. Leider bin ich Nägelkauer – sonst wäre ich auch auf Rekordjagd gegangen.

1c) Ein echter Balanceakt: 76 h und 40 min hielt der Kanadier Suresh Joachim es auf einem Bein stehend aus. Das war vom 22. bis 25. Mai 1997.

2a) Vernon Kruger aus Südafrika lebte mehr als zwei Monate lang in einem Fass auf einem 25 m hohen Pfahl. Nahrungsmittel wurden ihm in einem kleinen Korb hochgereicht. Gewaschen hat er sich zweimal pro Woche. Für alles, was nicht im Fass bleiben sollte, wurde zuvor eine Art Abwassersystem installiert. Das Schwierigste war laut Kruger das Schlafen aufgrund des sehr beengten Platzes im Fass.

DUFTE TIERCHEN

1) Wer hätte diesen aufgeweckten Tieren eine solch fragwürdige Vorliebe zugetraut? Weil sie den Duft mögen, klauen Füchse gerne ...

a) Chlortabletten für Gartenpools
b) Guano-Dünger (aus Vogelkot)
c) getragene Schuhe

2) Marderbär müsste man sein. Die possierlichen Tiere sehen nicht nur süß aus, sie riechen auch so, nämlich nach ...

a) Erdbeere
b) Popcorn
c) Nougat

1c) Füchse klauen Schuhe. Vor allem Jungtiere werden sowohl von dem Geruch toten Tiers, der vom Leder ausgeht, als auch vom menschlichen Schweiß und dem Salz darin angezogen. Im Wald also immer besser Schuhe anlassen! In Berlin soll ein Fuchs einer Meldung nach über hundert Paar Schuhe geklaut haben.

2b) Die zu den Schleichkatzen gehörenden Marderbären, auch Binturongs genannt, markieren ihr Revier mit ihrem Urin – und der duftet nach Popcorn mit zerlassener Butter. Marderbär-Urin enthält einen Stoff, den man tatsächlich auch in Popcorn finden kann.

Auch mir wurde bereits von einem Fuchs ein Schuh geklaut, und zwar aus einem Einpersonenzelt, in dem ich in Zürich auf einem verschneiten Campingplatz nächtigte. Mitten in der Nacht schlich sich der Fuchs ins Vorzelt, ich schreckte hoch, stieß mit dem Kopf ans Gestänge und verursachte eine Dachlawine, woraufhin der Dieb panisch flüchtete.

Brotbackliga

Eine der Tätigkeiten, mit denen ich im Schlaflosigkeitsfall die frühen Morgenstunden fülle, ist: Brotbacken. Eine Saison lang habe ich sogar mit meinem Freund Roberto (siehe **H**obby) um die Wette gebäckert. Im Ligabetrieb kredenzten wir uns mit Vorliebe samstagnachmittags unsere neuesten Kreationen.

Apropos Brot: Natürlich gibt es auch in der Welt des Backwerks beeindruckende Rekorde. Das längste Baguette der Welt hätte – senkrecht aufgerichtet – die Münchner Frauenkirche um gut 23 m überragt und rund 78 % der Höhe des Kölner Doms erreicht! Wenn Sie sich mit deutschen Sakralbauten ebenso gut auskennen wie mit dem Dreisatz, kriegen Sie nun sicher **die Länge des Baguettes** gebacken, oder? Plus/minus fünf Meter lasse ich gelten!

ANTWORT

Die Münchner Frauenkirche ist 99,5 m hoch, der Kölner Dom 157,4 m. Somit dürfte nun klar sein, dass die Länge des Baguettes **122,4 m** betrug! Und jetzt kommt das Überraschende: Es wurde nicht in Frankreich gebacken, sondern in Italien. Genauer, der Weltausstellung in Mailand 2015. 27 Bäcker, darunter sieben französische, waren daran beteiligt.

In der Regel brachen meine Brote keine Rekorde, aber einmal konnte auch einer meiner Laibe restlos überzeugen, nämlich mein „Cola-Dinkelbrot". In jeden Teig gehört bekanntlich eine Flüssigkeit, und statt Wasser griff ich für mein Siegerbrot auf Cola zurück. Das ersetzt sonstige Zuckerzugaben und ergänzt das Frühstücksbrot um wach machendes Koffein. In der Kombi mit Dinkelmehl besticht das Meisterstück durch eine angenehm nussige Note.

KURIOSER KÖRPERKULT

1) Was war unter verheirateten Frauen in Japan bis ins 20. Jahrhundert hinein verbreitet, um ihre Treue dem Ehemann gegenüber auszudrücken?

a) das Ziehen der Fingernägel
b) das Rasieren des Kopfhaars
c) das Schwärzen der Zähne

2) Was taten die Mangbetu, eine Ethnie aus dem Kongo, bis in die 1950er-Jahre hinein, um ihre Stammeszugehörigkeit zu zeigen?

a) Sie deformierten die Schädel ihrer Säuglinge.
b) Sie amputierten sich die rechte Hand.
c) Sie bandagierten die mittleren drei Finger ihrer Hände, bis diese zusammenwuchsen.

1c) Ohaguro hieß der Beauty-Trend, bei dem Frauen ihre Zähne schwärzten. Das Gesicht wurde traditionell weiß gepudert, was einen starken Kontrast bewirkte. Zudem wurden die Augenbrauen rasiert und die Lippen kleiner geschminkt.

2a) Mithilfe von Lianen wurden die Schädel von Säuglingen bandagiert, sodass sich ein sogenannter Turmschädel ausbildete. Aber nicht nur bei den Mangbetu war diese Tradition zu finden, sondern zum Beispiel auch bei den Maya. Hier sagte die Form des Schädels etwas über den Stand eines Menschen aus.

KOMISCHE KOPFBEDECKUNGEN

1) Napoleon III. trug ihn, Ernest Hemingway trug ihn und Erich Honecker trug ihn auch: den Panamahut. Woher stammt die berühmte Kopfbedeckung eigentlich?

a) Florida b) Ecuador c) Chile

2) Der imposante Zweispitz war das Markenzeichen von Kaiser Napoleon I. Zwölf dieser Hüte ließ Napoleon von einem Pariser Hutmacher jährlich für sich anfertigen, und zwar aus …

a) Biberfilz b) Elchleder c) Büffelwolle

An einem heißen Sommertag in New York City sah ich einst eine ältere Dame, die sich einen provisorischen Zweispitz aus einer Tageszeitung gebastelt hatte. Daheim tat ich es ihr nach. Tipp: a) Zeitung mit Klarsichtklebefolie wasserdicht machen. b) Mit Kinnband sturmsicher am Kopf befestigen.

1b) Der Panamahut kommt aus Ecuador. Es handelt sich um einen traditionellen Strohhut. Als Napoleon III. sich einen der handgeflochtenen Hüte bestellte, wurde dieser von Panama aus verschifft. So kam der Panamahut zu seinem Namen. Das Flechten von Panamahüten in Ecuador gehört zum immateriellen Weltkulturerbe.

2a) Napoleons Hüte wurden aus Biberfilz gefertigt. Übrigens trugen die Offiziere die gleiche Kopfbedeckung, womit Napoleon seine Zugehörigkeit zu seinen Soldaten zum Ausdruck brachte. Die Soldaten drehten den Hut nur im Kampf, denn die Spitze vorne versperrte sonst die Sicht. Um zu zeigen, dass er jederzeit kampfbereit war, setzte Napoleon seinen Hut immer parallel auf.

AUTOGRAMM, BITTE!

1) Ein Schuhmacher verkleidete sich, brachte zwei Soldatentrupps dazu, seinen Befehlen zu folgen, und beging eine Straftat. Zwar flog er auf, doch machte ihn sein Geniestreich so berühmt, dass er anschließend sogar Autogrammkarten verkaufte. Von wem ist die Rede?

a) Till Eulenspiegel
b) Baron von Münchhausen
c) Hauptmann von Köpenick

2) Wer soll die ersten Autogrammkarten verteilt haben?

a) Jesus
b) Aristoteles
c) König Ludwig II.

1c) Hier wird natürlich die berühmte Köpenickiade beschrieben. Mit dem Soldatentrupp besetzte der Hauptmann von Köpenick, Friedrich Wilhelm Voigt, das Rathaus und stahl die Stadtkasse. Nachdem er aufgeflogen war, saß er für eine Zeit im Gefängnis. In späteren Jahren tourte er mit Auftritten durch Deutschland und verkaufte etliche Autogrammkarten.

2c) Ganz so alt ist sie noch nicht, die Tradition des Autogrammkartenschreibens. Märchenkönig Ludwig II. (1845–1886) gilt als Autogrammkartenpionier. Er verschenkte Fotos von sich, zum Teil auch persönlich unterschrieben.

Autogrammkarten, wohlgemerkt. Unterschriften sammelte schon der olle Goethe, während ich mich tatsächlich nur mit bebilderten Autogrammen zufriedengebe. Die Wand in meinem Arbeitszimmer ziert eine umfangreiche Sammlung von Autogrammen umstrittener Persönlichkeiten. Donald Trump ist ebenso vertreten wie Drafi Deutscher, Margot Käßmann oder Kim Jong-un.

Camping

204 Nächte habe ich draußen geschlafen, eine ganze kalte Jahreszeit lang. Mein rotes Einpersonenzelt taufte ich zärtlich meinen „Walmagen", in meinem grünen Eineinhalbpersonenzelt konnte ich auch gemeinsam mit Bernhard Hoëcker komfortabel übernachten. Los ging's im heißen Sommer 2015. Ich wollte meiner stickigen Münchener Wohnung entfliehen und machte es mir auf einer Kiesinsel in der Isar bequem.

Aber **mein schönster Zeltplatz** war noch ein anderer. Wenn Sie herausfinden möchten, welcher, dann lösen Sie doch mal dieses Rebusrätsel!

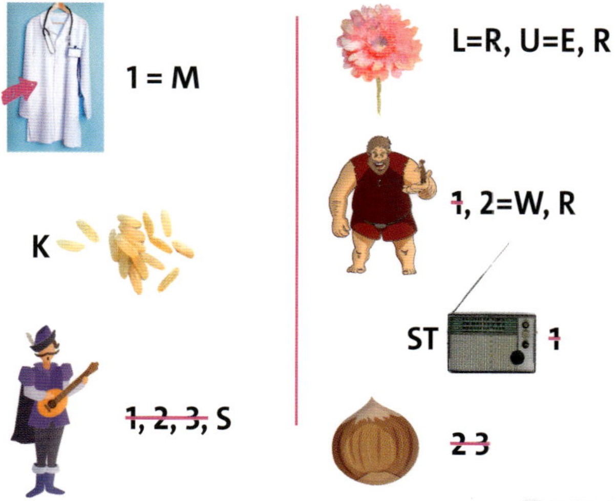

ANTWORT

Als schönster Zeltplatz hat sich der **Mittelkreis des Bremer Weserstadions** eingeprägt (die Rätselbegriffe waren: Kittel, Reis, Barde, Blume, Riese, Radio, Nuss). Mein rechtes Ohr lag just auf dem Anstoßpunkt, und ich versuchte aufgeregt, das Gras wachsen zu hören. Am darauffolgenden Tag verlor Werder Bremen das Derby gegen den HSV.

Schade. Fußballer sind bekanntlich enorm abergläubisch, und wäre Werder als Sieger vom Platz gegangen, hätte ich lebenslang vor allen Spielen gegen den Nordrivalen im Mittelkreis campen dürfen, um nicht zu sagen: müssen. Ich bin nämlich Werder-Fan, seit meiner Kindheit.

HISTORISCHE MEDIZINMETHODEN UND IHRE AUSWIRKUNGEN AUF KÖRPER UND GEIST

1) Wogegen wurde die sogenannte Cox-Schaukel eingesetzt?

a) Psychische Erkrankungen
b) Verdauungsstörungen
c) Kinderlosigkeit

2) Was sollte angeblich im Mittelalter gegen ungewollte Schwangerschaften schützen?

a) Wieselhoden
b) Fuchsschwänze
c) Hasenpfoten

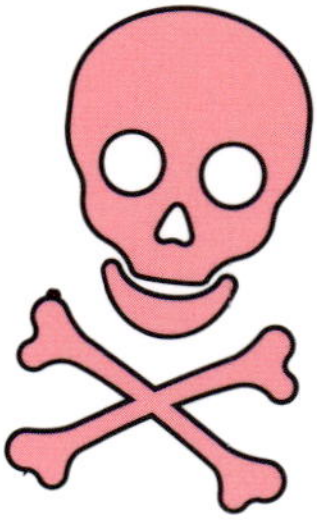

1a) Joseph Mason Cox war der Erfinder der Schaukel, die im 19. Jahrhundert zur Heilung psychischer Erkrankungen eingesetzt wurde. Dabei wurde der Patient in eine Schaukelvorrichtung gesetzt und schnell um die eigene Achse gedreht – bis hin zu Erbrechen und Ohnmacht.

2a) Wieselhoden[*] sollten Frauen sich zur Verhütung um den Schenkel binden. Alternativ wurde auch ein Tee aus gemahlenen Biberhoden empfohlen. Eine messbare Wirkung darf bezweifelt werden – abgesehen vom lustmindernden Effekt der unappetitlichen Tiergonaden.

[*] Bin unsicher, ob mein Stammsupermarkt Wieselhoden überhaupt im Angebot hat.

DEPLATZIERTE SEHENSWÜRDIGKEITEN

1) Wenn Sie die Philippineninsel Calauit besuchen, dann könnte es sein, dass Sie an Ihrer Allgemeinbildung zweifeln oder an Ihrem Verstand. Denn dort werden Sie dieses hier sehen:

a) ein Wikingerdorf
b) eine Statue von Goethe
c) Zebras und Giraffen

2) In Argentinien befindet sich die Salar de Arizo, eine riesige Salzebene. Und mittendrin steht ...

a) eine Pyramide
b) ein goldener Elefant
c) ein Elfenbein-Drache

1c) Auf Calauit werden Sie sich vorkommen wie in der Serengeti. Auf der Insel leben nämlich unter anderem wilde Giraffen und Zebras. Der ehemalige philippinische Diktator Marcos ließ die Tiere in den 1970er-Jahren aus Kenia kommen, angeblich um den Arterhalt zu sichern. Tatsächlich sollte die Arche-Noah-Insel wohl eher Touristen anlocken.

2a) Mitten in der Salzwüste Salar de Arizo steht eine natürliche Pyramide vulkanischen Ursprungs, die 122 m hohe Cono de Arita. Der Berg gilt als heilig, also besser nur von unten schauen, wenn Sie dort mal vorbeikommen.

Ganz entfernt nach Pyramide sieht auch der aufgeschüttete Treppenhügel aus, mit dem man in Belgien 1923 die höchste nationale Erhebung pimpte. Vorher waren's unrunde 694 m, Treppe sei Dank wurden glatte 700 m daraus. Vor besagter Treppe durfte ich gemeinsam mit Bernhard Hoecker satte elf Minuten auf den Gipfelsturm warten. Das sind übrigens, oh Wunder, fast 700 Sekunden!

MUSEEN – ORTE, DIE UNSER BEWUSSTSEIN ERHEITERN

1) In Berlin gibt es ein Museum, in dem man unter anderem welche außergewöhnlichen Exponate bewundern kann?

a) Kuhfladen und Pferdeäpfel
b) Unechte Wimpern und Fingernägel
c) Bullenpenis und gegrillten Hund

2) Im englischen York kann man ein ganz besonderes Exponat betrachten: den Lloyds Bank Coprolite. Was mag das wohl sein?

a) Wikingerkot
b) ein versteinerter Blitz
c) Mammutmagen

1c) Im Disgusting Food Museum in Berlin kann man kulinarische Skurrilitäten aus aller Welt besichtigen. Von Augapfel über Kotzfrucht bis hin zu knusprig gegrillten Insekten ist für jeden Geschmack etwas dabei.

2a) Der Lloyds Bank Coprolite, den man im Jorvik Viking Centre betrachten kann, ist tatsächlich der Haufen eines Wikingers, 20 cm lang und ziemlich gut erhalten. Angeblich soll ein Lehrer 2003 bei einem Ausflug mit seiner Klasse gegen die Scheibe geklopft haben, woraufhin das Exponat heruntergefallen und zerbrochen ist.

Habe mir im Internet schon mal versteinerte Dino-Exkremente gekauft. Vielleicht bin ich aber auch nur übern Löffel balbiert worden und es handelte sich um einen ordinären Kiesel.

Die Doofen

Wer kennt nicht *Mief! (Nimm mich jetzt, auch wenn ich stinke)*, One-Hit-Wonder des Jahres 1994? Aus der *Die-Doofen-Ära* stammt eine meiner schönsten Erinnerungen überhaupt: Wie Olli Dittrich und ich im Münchner Olympiastadion spielten. Schon nach wenigen Stunden konnten wir alle Plakate in der Stadt mit „Ausverkauft!“ überkleben. Keine Lüge, denn, welch Husarenstück: Wir hatten nur 200 Tickets in den Verkauf gebracht. Als wir aus den Katakomben schritten und die Bühne am Mittelkreis erklommen, sahen wir winzig klein in der Ferne die 200 Fans klatschen – herrlich.

Den Rest des Jahres waren wir als Vorband von *Bon Jovi* unterwegs. Bei unserem ersten Einsatz als Support stand Jon Bon Jovi neben einem Musiker, den fachkundige Freunde der Stromgitarrenmusik zweifelsfrei an seinem markanten Kleidungsaccessoire erkennen können. Ich habe mir erlaubt, die Szene mittels Bleistift nachzustellen – **um welchen berühmten Gitarristen handelt es sich?**

ANTWORT

Es handelte sich natürlich um **Slash**, den Gitarristen der Band *Guns N' Roses*, die damals ebenfalls Support von *Bon Jovi* waren. Markenzeichen des Rock-Urgesteins ist ein schwarzer Zylinder auf seinem schwarzen Lockenkopf, dazu eine schwarze Fliegersonnenbrille.

Als uns nun Jon Bon Jovi beim Spielen zusah, beugte er sich zu ebenjenem Slash und fragte ihn: „What the hell is that?" Slash antwortete: „Well, it's number one in Germany!", und dann schüttelten beide lange ihre Köpfe und wunderten sich.

ANGLIZISMEN UND IHRE VERWENDUNG IM DEUTSCHEN

1) Sicher kennen Sie diese Rucksäcke mit nur einem Träger, die man sich neckisch schräg über die Schulter wirft und die in diesen Landen auch „Bodybags“ genannt werden. Was bedeutet Bodybag jedoch eigentlich im Englischen?

a) Hintern
b) Leichensack
c) Schlafsack

2) Oleee, oleee! Public Viewing erfreut sich hierzulande großer Beliebtheit. In den USA eher weniger, denn dort versteht man unter dem Begriff etwas völlig anderes. Nämlich was?

a) eine öffentliche Anhörung
b) eine öffentlich aufgebahrte Leiche
c) ein feindlich gesinntes Publikum

1b) Ein „Body Bag“ ist im Englischen ein Leichensack. Den könnte man sich auch umschnallen, passt viel rein, sieht aber verdächtig aus.

2b) In den Vereinigten Staaten bietet ein Public Viewing Gelegenheit, sich am offenen Sarg von einem Verstorbenen zu verabschieden. Oleee, oleee passt hier nicht so gut. Wer US-Amerikaner zum öffentlichen Fußballgucken einladen will, spricht besser vom „public screening“.

Es gab Spiele der deutschen Fußballnationalmannschaft, da war Public Viewing genau der passende Begriff.

EXTREME SPORTLICHE HERAUSFORDERUNGEN

1) Es gibt eine ganze Reihe skurriler Sportveranstaltungen, die scharenweise Besucher anlocken: Frauentragen in Finnland, Regenwurmanlocken in Großbritannien oder in Deutschland …

a) Nacktrodeln
b) Kampfbügeln
c) Wettklempnern

2) Und dann gibt es auch noch solche Wettbewerbe: Beim Ferret Legging …

a) fährt man mit zusammengebundenen Beinen Rad
b) steht man möglichst lange mit einem Bein in einem Ameisenhaufen
c) steckt man sich ein Frettchen in die Hose

1a) Kein Sport für Frostbeulen: Die Nacktrodel-WM wurde erstmals 2009 in Magdeburg ausgetragen. Dabei schlittern die maximal mit Höschen bekleideten Teilnehmer eine Kunstschneerampe hinunter.

2c) Dieser angeblich von englischen Minenarbeitern erfundene „Sport“ geht so: Man bindet sich die Hosenbeine zu und lässt ein Frettchen in den Hosenbund krabbeln. Wer am längsten aushält, gewinnt. Der Rekord liegt bei über fünf Stunden. Leider fragt keiner die Frettchen, was sie von der Sache halten.

Übrigens, den einzigen Sieg meiner gesamten Sportlerkarriere verdanke ich dem Wintersport: Bei der Fulda Challenge (mehr dazu auf einer anderen Karte) gewann ich das Luftkissenbootrennen auf einem zugefrorenen See – vor allem, weil ich mit der Bedienung überfordert war und ausschließlich mit Vollgas unterwegs sein konnte. Beim abschließenden Einparken drückte ich im richtigen Moment den Notausknopf, das Luftkissen machte „Pffff...“ – und ich war Sieger.

ABENTEUER IM BAUMARKT

1) Ein geradezu bonfortionöses* Erlebnis ist ein Einkauf im örtlichen Baumarkt, denn dort findet man solch mysteriöse Dinge wie …

a) Ratschendübel
b) Fitschenringe
c) Watschenschlingen

2) Wodurch kann man Rohre miteinander verbinden? Mit einem …

a) Flinsch
b) Flunsch
c) Flansch

*Das Wort „bonfortionös" mag boningesk klingen, ist aber in Wahrheit eine Entdeckung des großen, des unvergessenen Wolfgang Herrndorf. Es befindet sich in seinem Meisterroman *Tschick*, wenn ich nicht irre, auf Seite 130, und bedeutet so viel wie großartig, fabelhaft.

1b) Falls Ihre Tür beim Öffnen und Schließen mit einem unschönen Geräusch über den Boden schleift, dann kann Ihnen ein Fitschenring helfen, den Sie auf Ihrem Türband positionieren. Vergeblich suchen Sie in einem Baumarkt jedoch nach Ratschendübeln und Watschenschlingen. Die müssen erst noch erfunden werden.

2c) Mithilfe einer Flanschverbindung können zwei Rohre aneinander angeschlossen werden. Der Flansch sitzt wie ein Ring am Ende eines Rohres und kann mithilfe von Muttern an einem zweiten Flansch angeschlossen werden. Findet man dazu aber nicht die passenden Muttern, dann zieht man eine Flunsch, was so viel bedeutet wie „schmollend den Mund verziehen".

Und wer's nicht rausbekommen hat, zieht jetzt eventuell eine Flunsch.

Einkaufszettel E

sammle ich für mein Leben gern und besitze inzwischen fast 2.000 Exemplare. Wohlgemerkt: Nicht Kassenzettel, sondern Listen mit jenen Produkten, die im Haushalt fehlen, wärmen mein Herz. Übrigens besuchte ich mal einen Einkaufszettelsammler-Kongress. **Wo dieser stattfand**, das erfahren Sie, wenn Sie dieses Kreuzworträtsel lösen.

Die Lösung ergibt sich in den roten Feldern von oben bis unten:

1 Hauptstadt von Kap Verde (klingt ähnlich wie eine Modemarke)

2 Bundeskanzler mit Abschied im Namen

3 bräunlicher Schmuckstein (auch schon mal mit toten Tieren darin)

4 Wieselart („Stinken wie ein …“)

5 Findet man im Sonnensystem ebenso wie in der Fußgängerzone

ANTWORT

Vor einigen Jahren nahm ich am ersten paneuropäischen Einkaufszettelsammler-Kongress in **Paris** teil, und wir internationalen Fachleute stellten fest, dass die Gesetzmäßigkeiten, nach denen Einkaufszettel verfasst werden, von Land zu Land kaum differieren. Einkaufszettel erlauben einen Direktblick in die Lebensumstände, in die Seele des Verfassers. Überdies stellten wir fest, dass Einkaufszettel im Aussterben begriffen sind. Schon bald wird alles per App erledigt, nicht zuletzt der Einkauf.

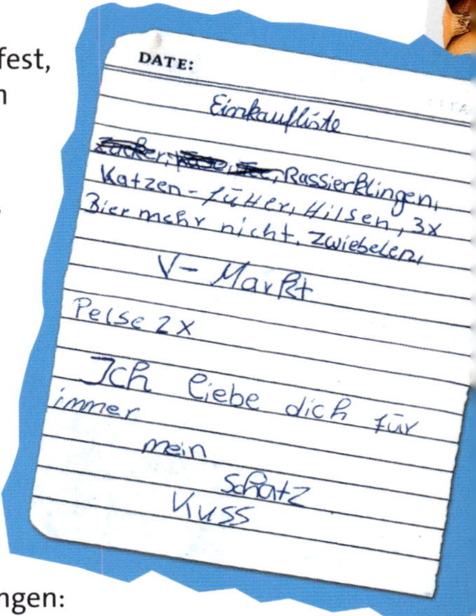

Hier die übrigen Lösungen:
PRAIA, **A**DENAUER, BE**R**NSTEIN, ILT**I**S, **S**ATURN.

ETYMOLOGIE FÜR DEN HAUSGEBRAUCH

1) Der Krake ist ein erstaunliches Tier: schlau, neugierig und anpassungsfähig. Ein echter Überlebenskünstler. Der Name „Krake“ kommt wahrscheinlich aus dem Norwegischen und bedeutet so viel wie …

a) missgebildete Gliedmaßen
b) verkrüppelter Baum
c) toter Fisch

2) Flasche. Ein Wort, das wir bestimmt an den allermeisten Tagen hier und da mal benutzen. In den unterschiedlichsten Kontexten. Aber woher stammt der Begriff eigentlich? Vom altnordischen *flaska*, und das bedeutet …

a) Flechtwerk
b) Säugling
c) Salzkrug

1b) Möglicherweise stammt der Begriff „Krake“ vom norwegischen Wort für „verkrüppelter Baum“ ab. Und tatsächlich kann man eine gewisse Ähnlichkeit nicht vom Tentakel weisen.

2a) *Flaska* bedeutet Flechtwerk. Flaschen, früher aus Ton oder Holz, wurden umflochten, um sie zu schützen. Laut Duden könnte *flaska* auch mit flach, also „flaches Gefäß“, übersetzt werden. Die Flechttheorie erscheint allerdings ansprechender und erhält hier daher den Vorzug. Das umgangssprachliche Wort „Buddel“ leitet sich übrigens vom französischen „Bouteille“ ab, aber das hatten Sie sich sicher schon gedacht.

Kommt „krakeelen“ auch vom verkrüppelten Baum? Oder von einem Kraken in der Kehle? Fragen über Fragen ...

UNGEWÖHNLICHE MUSIKPIONIERE DES 20. JAHRHUNDERTS

1) **In den 90ern wurde deutschsprachiger Hip-Hop durch Gruppen wie *Die Fantastischen Vier* zum Massenphänomen. Der erste kommerziell erfolgreiche Rapsong deutscher Sprache, *Rapper's Deutsch*, stammt jedoch schon aus dem Jahr 1980. Wer wirkte darin mit?**

a) Rudi Carrell
b) Dieter Thomas Heck
c) Thomas Gottschalk

2) **Buddy Guy, Eric Clapton, Keith Richards, sie alle spielen auf einer Fender-Gitarre. Jimi Hendrix hat sogar mal eine bei einem Konzert verbrannt. Welche Aussage über den Gitarrenbauer Leo Fender stimmt?**

a) Er konnte nicht Gitarre spielen.
b) Er hatte eine Holzstauballergie.
c) Er war taub.

What the Heck … check, check …

1c) Der Titel war eine Parodie auf *Rapper's Delight* von der *Sugarhill Gang*, dargeboten wurde er von der Gruppe *G.L.S. United*, bestehend aus Frank Laufenberg, Manfred Sexauer und – Thomas Gottschalk. Immerhin landete das Lied auf Platz 49 der Singlecharts.

2a) Leo Fender spielte selbst nie Gitarre. Der E-Gitarren-Pionier besaß ursprünglich ein Radiogeschäft. Seit den 40er-Jahren arbeitete er an der Entwicklung elektrischer Gitarren, die schließlich weltberühmt wurden.

„Buddy Guy betrieb (betreibt?) ein Billardcafé in Chicago. Während der Fußball-WM 1994 besuchten Olli Dittrich und ich dieses Café und spielten ein Ründchen Poolbillard. Wir waren die einzigen Gäste. Es war früher Nachmittag, als der Cafébesitzer uns höchstpersönlich begrüßte und anschließend die winzige Bühne bestieg, um uns einen Blues vorzusingen. Vor Schreck und Begeisterung hätte ich anschließend fast die schwarze Acht versenkt.

DIE UNGLAUBLICHSTEN TIERE IN DER GESCHICHTE DER MENSCHHEIT

1) Das Rennpferd Incitatus wurde vom römischen Kaiser Caligula sehr verehrt. So sehr, dass es …

a) in Caligulas Gemächern wohnte
b) einen eigenen Palast besaß
c) mehr Bedienstete hatte als Caligula selbst

2) Michael Jacksons Schimpanse Bubbles …

a) beherrschte den Moonwalk
b) inspirierte Jackson zu dessen kieksenden Signature-Sounds
c) starb kurz nach Jackson und wurde mit ihm beigesetzt

1b) Incitatus wohnte angeblich in einem eigenen Palast.[👣] Es hatte eine marmorne Tränke, einen purpurnen Sattel und ein mit Edelsteinen besetztes Halsband. Auch trank es gelegentlich Wein. Zudem wollte der Kaiser das Pferd angeblich zum Konsul machen, wurde jedoch vorher ermordet.

2a) Bubbles beherrschte tatsächlich den Moonwalk. Der Schimpanse lebt heute im Center for Great Apes in Florida. Einer Anekdote nach war Freddy Mercury bei der Arbeit an einer gemeinsamen Single mit dem King of Pop von dessen im Studio dauerpräsenten Affen so genervt, dass er abreiste, bevor das Projekt abgeschlossen war.

👣 *Da steht ein Pferd auf dem Flur* von *Klaus und Klaus* bezieht sich womöglich genau auf diesen Palast. Eine musikalische Pferdebiografie.

Führerschein

F

Als Autofahrer kan ich nur bedingt überzeugen. Meine erste Fhrerscheinprüfung endete mit einem überfahrenen Stoppschild, und zwar niht nur, indem ich nicht vorschriftsmäßig stehen blieb – fast hätte ich das Schild selber mit der Stoßstange geramt. Dem Prüfer fiel vor Schreck fast das Gebiss aus dem Mund. Im zwiten Anlauf hatte ich mehr Glück: Der (neue) Prüfer schickte mich bereits in der erste Minute auf die Oldenburger Stadtautobahn, wo ich die restlice Zeit in einem Stau stehend verbrachte. Glück gehabt!

Wo wir gerade über Stau reden, was meinen Sie, **wo steht man in Deutschland am meisten im Stau?** Falls Sie einen Tipp brauchen: Ich habe im ersten Absatz einige Buchstaben verschludert. In der richtigen Reihenfolge ergeben Sie den Namen unserer Stauhauptstadt.

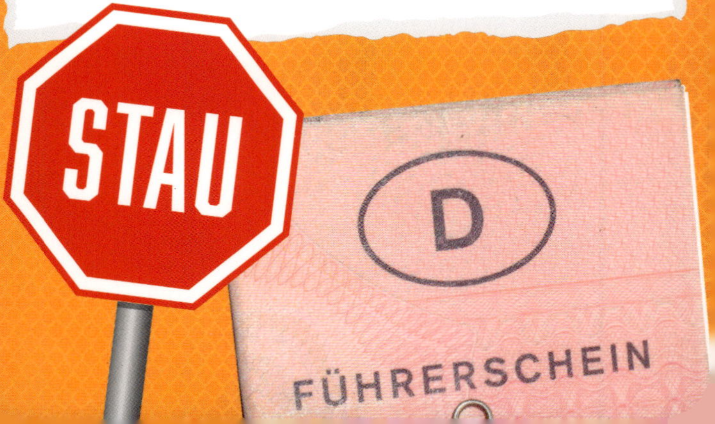

ANTWORT

München ist die Stadt mit den meisten Staus (Stand 2021), gefolgt von Berlin, Hamburg und Potsdam.

Bereits am ersten Wochenende als Autofahrer unternahm ich einen Ausflug in die Stadt Bern, wo mir an einem einzigen Samstagvormittag sage und schreibe acht Auffahrunfälle gelangen – mein persönlicher Rekord bis heute!

STADT-HÜPFEN

1) Tafelberg, Robben Island oder die Victoria & Alfred Waterfront: Diese sind nur einige der Sehenswürdigkeiten, die die südafrikanische Metropole Kapstadt zu bieten hat. Was kann man dort noch besuchen?

a) Afrikas erstes Eishotel
b) ein ganzjähriges Oktoberfest
c) Afrikas einzige Sommerrodelbahn

2) Tirana wird auch „Stadt der Farben" genannt. Was gab in den 90er-Jahren den Ausschlag dazu?

a) Der Bürgermeister ließ die Gebäude bunt streichen.
b) Es wurden Farbpigmente von dort aus in alle Welt exportiert.
c) Eine wilde, farbenfrohe Modeszene etablierte sich.

Nach Tirana wollte ich immer schon mal. Wird Zeit.

1c) Cool Runnings heißt die einzige Sommerrodelbahn in Afrika. Mit bis zu 40 km/h können Besucher die 1,25 km lange Strecke hinunterdüsen und dabei einen spektakulären Blick über die Stadt genießen.

2a) Nach dem Fall des Kommunismus war Tirana immer noch von sozialistischem Grau geprägt und machte insgesamt einen eher deprimierenden Eindruck. Der ehemalige Bürgermeister Edi Rama ließ deshalb etliche Fassaden in kunterbunten Farben streichen. Damit wollte er den Bewohnern der Stadt Hoffnung machen und zeigen, dass sich etwas bewegt.

FORTBEWEGUNGSMITTEL AUS VERGANGENEN ZEITEN

1) Im Laufe der Geschichte gab es zahlreiche faszinierende und weniger faszinierende Fortbewegungsmittel. Was war zum Beispiel ein Autoped?

a) ein Auto mit Pedalantrieb
b) ein motorbetriebener Stehroller
c) ein propellerbetriebenes Zweirad

2) Was wurde von Karl von Drais erfunden und gilt als Vorgänger des Fahrrads?

a) das Schwungrad
b) das Rollwerk
c) die Laufmaschine

Mein liebstes Rad ist das 1965 vorgestellte Klapprad „Duemila" des Designers Cesare Rizzato, ein Meisterstück des Futurismus, angelehnt an die Formensprache der Mondraketen. Kleiner Nachteil: Selbst ich komme mir darauf vor wie ein langbeiniger Riese, und mangels Gangschaltung wird jede Fahrt auch über leichteste Bodenwellen zum Alpenpasserlebnis, dem Raketendesign zum Trotz.

1b) Das Autoped war tatsächlich die Großmutter des E-Rollers, ein mit einem kleinen Motor angetriebener Tretroller. Seit 1915 wurde es in New York von der Autoped Company of America hergestellt. Allerdings kam es nicht zum richtigen Durchbruch und die Produktion wurde nach einigen Jahren wieder eingestellt.

2c) Karl von Drais erfand 1817 „Drais' einspurige Laufmaschine“. Er ist auch Erfinder des „Wagens ohne Pferde“, der heute eher als Draisine bekannt ist. Die Laufmaschine sah aus wie eins dieser Kinderlaufräder ohne Pedale, natürlich nur größer. Etwa 14 km schaffte man damit in einer Stunde, was eine kleine Sensation war.

Hätte ich gerne, so 'nen originalgetreuen Nachbau, für den Stadtverkehr.

AUF SAFARI IN DER GROSSSTADT

1) **Vormals exotische Tierarten lassen sich, Klimawandel sei Dank, zunehmend auch in mitteleuropäischen Gefilden erblicken. Eine zugezogene Spinnenart weiß schon durch ihren sympathischen Namen zu gefallen. Wie heißt sie?**

a) Werwolf-Spinne
b) Nosferatu-Spinne
c) Mumien-Spinne

2) **Im Lumphini Park, dem größten Park im Zentrum Bangkoks, gönnen sich Einheimische und Touristen eine Auszeit von der Hektik der Millionenmetropole. Auch ein nicht ganz ungefährliches Tier fühlte sich dort so wohl, dass dessen Überpopulation zum Problem wurde. Welches?**

a) Viper
b) Waran
c) Krokodil

1b) Die Nosferatu-Spinne (Zoropsis spinimana) verdankt ihren Namen dem Muster auf ihrem Vorderkörper, das an den blassen Vampir mit dunklen Augenhöhlen aus Murnaus Horrorfilmklassiker erinnert. Praktisch: Da die Spinne inklusive Beinen bis zu acht Zentimeter misst, kann man das Muster mit bloßem Auge gut erkennen.

2b) Hunderte von Waranen leben in dem Park. Mittlerweile mussten einige der Tiere umgesiedelt werden. Warane gelten in Thailand einerseits als Glücksbringer, andererseits aber auch als unrein. Dem Waran geht es also ganz ähnlich wie dem Schwein bei uns.

Ich war mal jobhalber in Thailand und geriet auf der Autobahn in einen Stau. Grund: Ein Waran überquerte die Fahrbahn. Anschließend darf man nicht sofort weiterfahren, sondern muss noch ein Viertelstündchen an Ort und Stelle verharren (wenn ich die geradebrechten Erläuterungen meines autochthonen Kollegen einigermaßen verstanden habe).

Gardinophon G

Neue Lehrerin im Grundschulmusikunterricht. Sie bittet uns Kinder aufzuzählen, womit man Klänge erzeugen kann. Alle melden sich, zählen allerlei Instrumente, Martinshörner, betrommelbare Töpfe und Pfannen auf. Als ich an der Reihe bin, gehe ich bedeutungsschwanger schweigend zum Fenster und ziehe, ritsch-ratsch, die Gardinen auf und zu. Dann gehe ich wieder an meinen Platz, erfüllt von überquellendem Stolz. Und damit auf zu einem abschweifenden Exkurs in die Welt der Heimtextilien: Die Gardine und ihr ordinärer Artverwandter, der Vorhang, blicken auf eine lange und bewegte Geschichte zurück. Schon die alten Ägypter wollten mit ihnen die Sonneneinstrahlung in ihren ausladenden Säulenhallen mildern. Übrigens, wissen Sie, **wie man den vorgesetzten schmalen Gardinenstreifen nennt,** der Schienen oder Fenstersturz verdeckt?

TDIBCSBDLF

(Dieses Wort habe ich zur Sicherheit verschlüsselt, da es potenziell beleidigend klingt. Kommen Sie drauf?)

ANTWORT

Gehen Sie bei jedem Buchstaben einen Schritt zurück im Alphabet, ergibt sich: **SCHABRACKE!** Also nein, nicht Sie, sondern so heißt der gesuchte schmale Gardinenstreifen. Ursprünglich bezeichnete dieses Wort Satteldecken; wie es sich nun zur Beschimpfung wandelte, ist nicht eindeutig geklärt.

Zurück zur Gardinenmusik: In Erinnerung an diesen schönen Moment in meiner Schulzeit habe ich das Gardinophon erfunden und von einem befreundeten Schreiner realisieren lassen: Ein Holzgestell mit allerlei unterschiedlich klingenden Gardinenstangen und -schienen, an dem sich die Klangwelt leichter und schwerer Vorhänge klingend durchwandern lässt. Eines Tages gehe ich damit auf Tournee!

Hier sehen Sie das Gardinophon, allerdings ohne Gardinen!

VÖGEL

1) Der Kiwi: Er ist der Nationalvogel Neuseelands und sieht ziemlich merkwürdig aus, wie Samson aus der Sesamstraße, nur viel, viel kleiner. Und mit Schnabel. Aber warum heißt der Kiwi eigentlich Kiwi?
a) weil sein Ruf so klingt
b) weil Kiwis seine Hauptnahrung sind
c) weil er so aussieht wie eine Kiwi

2) Blaufußtölpel, Schuhschnabel und Nashornvogel. Es gibt viele Vogelarten mit lustigen Namen. Welche dieser Vogelarten gibt es wirklich?
a) Studentenvogel
b) Doktorvogel
c) Professorvogel

1a) Die flugunfähigen Kiwis sind nach ihren Rufen benannt. Der Vogel erfreut sich so großer Beliebtheit in seiner Heimat Neuseeland, dass sich bekanntlich sogar die Neuseeländer „Kiwis" nennen. Am liebsten futtert der Kiwi-Vogel Würmer. Die Kiwifrucht wurde in Wirklichkeit nach dem Vogel benannt und nicht andersherum. Eine andere Bezeichnung für den Kiwi ist „Schnepfenstrauß". Da klingt „Kiwi" doch viel ansprechender.

2b) Den Doktorvogel gibt es tatsächlich. Es handelt sich dabei um einen Blaustern-Antillenkolibri. Wie der Name schon sagt, ist er auf den Kleinen Antillen und zudem auf Granada heimisch. Woher er seinen Namen hat? Man weiß es nicht sicher. Möglicherweise liegt es an seinem Gefieder, dessen Muster an einen Arztkittel erinnert? Oder an seinem langen, spitzen Schnabel, der ein bisschen aussieht wie eine Spritze? Vielleicht ist er auch wahnsinnig schlau und kennt sich gut mit Anatomie aus ... Alles nur vage Vermutungen!

DER NOBELPREIS UND SEINE TRÄGER

1) **Die Liste der Nobelpreisträger ist lang und manchmal überraschend. Wer hat zum Beispiel einen Nobelpreis in Literatur erhalten?**

a) Johnny Cash
b) James Dean
c) Winston Churchill

2) **Ebenso überraschend ist, wer nie den Nobelpreis verliehen bekam. Wer hätte ihn sehr verdient, hat ihn aber nie erhalten?**

a) Martin Luther King
b) Mutter Teresa
c) Mahatma Gandhi

1c) Winston Churchill war tatsächlich Literaturnobelpreisträger. 1953 erhielt er die begehrte Auszeichnung unter anderem für seine „glänzende Redekunst“. Tatsächlich war Churchill auch Verfasser eines Abenteuerromans, der aber wenig erfolgreich war.

2c) Bürgerrechtler Martin Luther King erhielt den Friedensnobelpreis im Jahre 1964 und Mutter Teresa im Jahre 1979. Mahatma Gandhi hingegen erhielt ihn nie. Dabei war der Verfechter des friedlichen Widerstands gegen die Kolonialmacht Großbritannien gleich fünfmal nominiert. 1948 hätte er ihn vermutlich erhalten, doch wurde er zuvor erschossen. Der Preis kann nur lebenden Personen verliehen werden.

Churchill war außerdem Maler und gelernter Maurer. Eines meiner Vorbilder in Sachen Vielseitigkeit!

BERÜHMTE HOSENTRÄGERTRÄGER

1) Hosenträger sind weitaus mehr als praktisch: Sie gelten als stilbildendes Modeaccessoire. Ihren Ursprung haben Hosenträger im Bereich der Arbeitskleidung und Trachten. Später trug sie auch der Agent von Welt, zum Beispiel …

a) James Bond

b) Ethan Hunt aus *Mission Impossible*

c) Jason Bourne

2) Samuel Clemens meldete das erste Hosenträgerpatent in den USA an. Unter welchem Namen ist dieser Mann besser bekannt?

a) James Dean

b) Benjamin Franklin

c) Mark Twain

Ich finde Hosenträger super, bin aber zu doof für deren Anwendung. Bei mir verheddern die sich immer.

1a) Klassisch elegant trägt Daniel Craig als James Bond seine Hosenträger aus dem Hause Albert Thurston, einer traditionsreichen englischen Manufaktur. So rettet der Geheimagent die Welt, ohne dabei Angst haben zu müssen, dass die Hose rutscht. Schon mal ein Problem weniger! Thurston gilt übrigens als Erfinder der modernen Hosenträger.

2c) Mark Twain meldete 1871 ein Patent für „Adjustable and Detachable Straps for Garments“ an. Er fand alle bisherigen Hosenträgerlösungen so unbequem, dass er einfach eine eigene erfand. Die Idee: Die Hose mit Haken und Ösen da halten, wo sie hingehört. Als Hosenträgerersatz war Twains Erfindung kein Erfolg – allerdings wird sie noch heute vielfach eingesetzt: als BH-Verschluss.

Hobby

So heißt das Label, das ich mit meinem Spezi Roberto Di Gioia gegründet habe. Gemeinsames Ziel: Nicht weniger als 100 Alben wollen wir recorden, lediglich den eigenen Geschmäckern verpflichtet. Mit der ersten Handvoll Kreationen im Gepäck hatten wir sogar eine weltweite Gastspielreise gestartet, mit Stationen in Paris, New York, Offenbach. In der französischen Metropole gastierten wir im „Les Chansonniers“ in Belleville.

Wenn Sie wissen wollen, **wie viele Zuschauer wir hatten**, dann zählen Sie doch mal, wie viele „u“ im obigen Textblock vorkommen!

ANTWORT

Genau! Kein einziges!

Vor genau **null Zuschauern** sind wir aufgetreten – Rekordbesuch für uns beide. Nach kurzer Irritation zogen wir's durch, gaben uns maximale Mühe und spielten sogar zwei Zugaben – zur Freude der Kellner und des däumchendrehenden Kartenabreißers. Wir kommen gerne wieder (wurden aber bisher nicht gefragt)!

GELD: WIE MAN ES AUFBEWAHRT UND WIE MAN ES LOSWIRD

1) Eine Birkin Bag der Himalaya-Serie aus dem Hause Hermès eignet sich für beides: Geld aufbewahren wie auch loswerden. Wie viel Geld hat eine solche Tasche bei einer Auktion im Jahr 2017 eingebracht?

a) 270.000 Dollar
b) 380.000 Dollar
c) 430.000 Dollar

2) Der Begriff „Mutch“ bezeichnet eine ...

a) Herrenhandtasche
b) große Shoppingtasche
c) Tasche mit integriertem Opernglas

Ich bin der König der Geldbörsen-Verbaseler. Mindestens einmal im Jahr verliere ich alles, inklusive Perso und Führerschein. Oder soll ich sagen: verlor? Neuerdings trage ich nämlich meine Habe im Brustbeutel herum – in der Hoffnung, so für ein verlustärmeres Seniorendasein gewappnet zu sein.

1b) 380.000 Dollar hat der Käufer für die Tasche hingeblättert. Damit gilt sie als teuerste Handtasche der Welt. Goldene Schnallen, diamantbesetzte Henkel und die strenge Limitierung der Serie machen die Tasche so kostbar. Weniger geschmackvoll als das Design ist das Material: Die Tasche besteht aus Krokodilleder.

2a) Die „Mutch“ ist eine Herrenhandtasche, eine Komposition aus „male“ und „Clutch“, letztere ist eine kleine Handtasche, die meist keinen Henkel und keinen Träger besitzt und in der Hand getragen wird. Die Mutch hat häufig eine Handgelenksschlaufe, wie man es aus den 70ern kennt.

AUS DEN UNTIEFEN DES WATTENMEERES

1) So eine Wanderung durch das Wattenmeer erfreut sich großer Beliebtheit. Dabei kann man auf die Small Five stoßen. Was sind das?

a) die fünf Gezeitenphasen

b) Tiere im Wattenmeer

c) die fünf Wattwurmarten

2) Der Star im Watt ist mit Abstand der Wattwurm.[*] Kein anderes Tier steht so für das Wattenmeer wie er. Was glauben Sie: Wie viele Wattwürmer kann man pro Quadratmeter Watt ausbuddeln?

a) bis zu 20

b) bis zu 35

c) bis zu 50

[*] Da seggst du watt!

1b) Die Big Five trifft man am ehesten auf einer Safari in Afrika: Elefant, Nashorn, Löwe, Büffel und Leopard. Die Small Five hingegen bei einer Wanderung durch das Watt. Es handelt sich um die wichtigsten Tierchen, die es im Schlick so zu finden gibt, nämlich Wattwurm, Strandkrabbe, Nordseegarnele, Herzmuschel und Wattschnecke. Eine Safari der anderen Art!

2c) Die Wattwurmdichte im Watt ist wirklich erstaunlich, denn in einem Quadratmeter Watt können sich bis zu 50 Wattwürmer tummeln. Vielleicht ist der Gedanke nicht so wunderbar, wenn man gerade eine Barfuß-Wattwanderung vor sich hat, doch macht der Wattwurm einen wirklich guten und wichtigen Job, denn er buddelt den Sand ordentlich durch und reichert ihn so mit Sauerstoff an. Die anderen vier Small Five danken es ihm!

NEUES AUS DER WELT DER SUPPEN

1) **Suppen gibt es überall auf der Welt. Und doch sind die Zutaten ganz unterschiedlich. Eine Spezialität auf Palau zum Beispiel ist eine Suppe aus ...**

a) Flughund
b) Blutegeln
c) Erde

2) **Und was enthält die Shirako-Suppe, die in Japan serviert wird?**

a) Fisch-Sperma
b) Oktopus-Kot
c) Walspeichel

Jahrelang sammelte ich Champignoncreme-Suppen aus aller Herren Länder. Schließlich verlor ich die Lust: Genau zwei Weltkonzerne teilen sich den internationalen Tütensuppenmarkt auf, und die Unterschiede sind klein. In 30 Jahren, so habe ich mir vorgenommen, werde ich meine Freunde zu einer Verkostung einladen.

1a) Die Fruit Bat Soup enthält Flughund. Dabei gibt es unterschiedliche Zubereitungsarten. Bei einer wird der Flughund komplett mit Fell und Knochen gekocht. Ursprung des Rezepts ist, dass es auf Palau vor allem Fisch und Meeresfrüchte als Nahrungsmittel gibt. Um mehr Abwechslung in den Speiseplan zu bringen, kamen die Fruit Bats auf den Tisch.

2a) Bei der zentralen Zutat, die optisch etwas an aus der Tube gedrückte Zahnpasta erinnert, handelt es sich um Dorsch-Sperma. Nicht nur in Japan schätzt man den speziellen Geschmack, auch in hiesigen Feinkostläden ist Fischsperma unter der Bezeichnung „Fischmilch“ zu finden.

Igitt

Was Menschen eklig finden, variiert stark. Der eine verschmäht Känguruhoden, dem zweiten wird schon beim Anblick von Haarschuppen auf den Schultern blümerant, der dritte steigt in keine U-Bahn, weil er den Schweißgeruch seiner Mitfahrer fürchtet. Mich persönlich können die genannten Beispiele nicht erschüttern.

Möchten Sie wissen, was mich aus der Fassung bringt? Rote Käbse! Kennen Sie nicht? Gibt es auch gar nicht. Stellen Sie doch mal die Buchstaben um und setzen Sie sie zu einem neuen Wort zusammen, dann erfahren Sie, **wovor es mir graut**.

ANTWORT

Wer mich ruckzuck aus der Fassung bringen möchte, biete mir **Käsebrote** an. Das beliebte Milchprodukt schlägt mich zuverlässig in die Flucht. Warum, weiß ich nicht – womöglich ist meine Abneigung die späte Folge eines frühkindlichen Abendbrotkonflikts: „Nein, den Käse ess' ich nicht, niemals!" – und diese Drohung habe ich wahr gemacht. Ach ja: Nichts ist mir suspekter als Menschen, die Marmelade auf ihr Käsebrot schmieren. Für dieses frevelhafte Handeln fehlt mir jedes, aber auch wirklich jedes Verständnis.

VON DINGEN, DIE AUS UNSEREM ALLTAG NICHT WEGZUDENKEN SIND

1) Die Klipette wurde von einem Herrn Clark in den 30er-Jahren in New Jersey erfunden. Worum handelt es sich?

a) um den ersten Nagelknipser
b) um die erste Wimpernzange
c) um den ersten Nasenhaarschneider

2) Immer seltener findet man Bidets in Badezimmern, jene Vorrichtungen zur Reinigung nach dem Toilettengang. Was bedeutet das Wort „Bidet" eigentlich?

a) Setz dich!
b) sauberes Hinterteil
c) kleines Pferd

1c) Klipette, so hieß der erste Nasenhaartrimmer. Das Gerät funktionierte mechanisch.

2c) Bidet bedeutet „kleines Pferd“. Früher sahen Bidets nämlich genau so aus. Der zu Reinigende setzte sich rittlings darauf. Aller Wahrscheinlichkeit nach wurde das Bidet im 18. Jahrhundert in Frankreich erfunden. Übrigens wurden Bidets auch zur Empfängnisverhütung eingesetzt, zeigten aber keine wirklich verlässliche Wirkung.

In meiner Nasenhaarschneidersammlung ist die Klipette das einzige Gerät ohne Batterie. Und das teuerste auch!

KLEINE GEBRAUCHSANWEISUNG FÜR KANADA

1) In einem Saloon in der kanadischen Stadt Dawson City kann man einen Schnaps bestellen ...

a) der angeblich 1.500 Jahre alt ist
b) in dem Bärenurin enthalten ist
c) in dem ein menschlicher Zeh schwimmt

2) In welcher Situation sollten Sie die folgenden Wörter kennen: „Haw, Gee, Easy!“?

a) beim Eishockey
b) auf einem Hundeschlitten
c) im Pub

1c) In dem Schnaps schwimmt ein Zeh. Der erste Zeh stammte der Geschichte nach wohl von einem Goldgräber, der ihn sich von seinen Freunden amputieren ließ. Da die Zehen immer mal wieder verschwinden – sie werden verschluckt, zerkaut oder entwendet – kann man seinen Zeh spenden, sollte er abfallen oder amputiert werden müssen. Wer den Zeh, der übrigens in Salz eingelegt wird, mit seinen Lippen berührt, erhält ein Zertifikat.

2b) Das sind die Kommandos, die man kennen muss, wenn man mit einem Hundegespann unterwegs ist. „Gee“ bedeutet „rechts“, „Haw“ bedeutet „links“ und „Easy“ ruft man, wenn die Hunde langsamer laufen sollen. Außerdem ist auch das Kommando „Whoa!“ wichtig, denn es bedeutet „Anhalten“. Sollte man wissen.

Bei so 'nem Hundeschlittenrennen habe ich schon mal mitgemacht. Die Gespanne wurden zugelost, und ich hatte Pech (Leithund mit extrem schwacher Blase – ständig musste er mal, und alle hielten an).

NA, WAS KÖNNTE DAS SEIN?

1) Wer oder was ist ein Bajaj ULC?
a) ein indisches Fahrzeug
b) ein indonesischer Geistlicher
c) ein pakistanisches nie vollendetes Hochhaus

2) Wer oder was ist ein Streifentenrek?
a) ein Turngerät
b) ein Tier
c) ein Kleidungsstück

1a) Der Bajaj ULC ist ein klitzekleines Fahrzeug, das in Indien hergestellt wird. ULC steht für „Ultra-Lowcost-Project“, denn in Indien wird es für weniger als 2.000 Euro verkauft. Es fährt bis zu 70 km/h und bietet immerhin Platz für vier drahtige Personen. Mittlerweile heißt das Fahrzeug Bajaj Qute. Der Name ist angelehnt an das englische Wort „cute“ für süß. Und süß sieht er auch wirklich aus. Da es allerdings einige Schwierigkeiten bei den Sicherheitstests gab, musste der Bajaj Cute eine ganze Weile auf seine Zulassung in Indien warten.

2b) Als hätte man einen Feuersalamander mit einem Igel gekreuzt und den Nachwuchs zu Karneval als Löwe verkleidet. So sieht der Streifentenrek aus. Lange, spitze Nase, schwarz-gelbe Streifen und viele Stacheln, die sich um den Kopf herum wie eine Mini-Löwenmähne aufstellen. Heimisch ist er auf Madagaskar.

Von einem Tenrek wurde ich mal angegriffen, auf Mauritius. Ich kam knapp mit dem Leben davon.

Judo

In der vierten Klasse wurde ich, ein ausgesprochen schmächtiges Kind, zum Klassensprecher gewählt. Allerdings dachte ich damals, die Aufgabe eines Klassensprechers bestände darin, sich raufende Klassenkameraden zu notieren und den Zettel im Lehrerzimmer abzugeben. In der Folge dieses Missverständnisses verzeichnete ich einen gewaltigen Ansehensverlust bei meinen Mitschülern, wurde sogar körperlich bedroht.

Schließlich lernte ich Judo.

Wenn Sie die ersten Buchstaben der spezifischen Tiernamen in die richtige Reihenfolge bringen, erfahren Sie, **welchen Gürtel ich erlangt habe**.

ANTWORT

Ich brachte es vom weißen Gürtel über den weiß-gelben Gürtel immerhin zum **gelben Gürtel** (7. Kyū). Wie Sie sicherlich herausgefunden haben, wenn Sie die Anfangsbuchstaben von **E**mu, **L**eopard, **G**ürteltier, **B**lindschleiche einmal korrekt durchgeschüttelt haben.

Als ich in die Judo-Abteilung des Vereins Schwarz-Weiß Oldenburg eintrat, nahm mich meine Lehrerin an der Hand nach vorne mit an die Tafel und raunte warnend: „Wigald kann jetzt Judo!"
Erst da entspannte sich die Lage.

DIE VERBORGENE ÄSTHETIK VON KUNSTSTOFFSANDALEN

1) Clogs aus Kunststoff gelten als bequeme Schuhe für Alltagstätigkeiten, fristeten modisch allerdings lange ein Schattendasein. Nicht so beim Modelabel Balenciaga. Dort erhält man ...

a) Clogs mit Pfennigabsatz
b) Overknee-Clogs
c) diamantbesetzte Clogs

2) Wofür waren Kunststoff-Clogs ursprünglich gedacht?

a) für den Bootssport
b) als Lauflernschuh für Reha-Patienten
c) für Krankenhauspersonal

Freunde von mir organisierten einen Marathonlauf auf einer 350-Meter-Tartanbahn in Miesbach, bei dem teilnehmen durfte, wer Crocs trug. Auch ich war unter den Finishern. Crocs als Laufschuhe werden weithin unterschätzt, denn sie verfügen über gute Dämpfungseigenschaften.

1a) Von Balenciaga gibt es Clogs mit Pfennigabsatz. Knapp 500 Euro muss man dafür hinblättern. Zum Joggen eignet sich die normale Version allerdings eher. Clogs-Stiefel gibt es ebenfalls von Balenciaga, aber die enden bereits unterhalb des Knies.

2a) Der Clog aus dem Hause Crocs wurde erstmals 2002 auf einer Bootsmesse ausgestellt. Die Idee: Das Material verhindert ein Ausrutschen an Deck und hinterlässt keine unschönen Streifen.

EPOCHALE ETYMOLOGIE

1) **Üppig, prunkvoll und ordentlich Schwung – willkommen in der Zeit des Barocks. Barock war die angesagte Stilrichtung des 17. und 18. Jahrhunderts in Europa. Was bedeutet der Begriff Barock ursprünglich?**

a) schiefe Perle
b) üppige Schöne
c) prahlender Herr

2) **Stellen wir die Zeitmaschine auf das 13. Jahrhundert ein und schauen uns die Epoche der Gotik an. Da ging sie nämlich los, die Zeit der spitzen Bögen und hohen Fenster. Und was bedeutet der Begriff „Gotik“ eigentlich?**

a) hässlich
b) abstoßend
c) barbarisch

1a) Der Begriff „Barock“ geht auf das portugiesische *barroca* zurück, was so viel heißt wie „schiefrunde Perle“. Das italienische *barocco* heißt so viel wie „lächerlich“ und „schwülstig“.

2c) Das italienische Wort *gotico* bedeutet unter anderem „barbarisch“, die weiteren Bedeutungen sind aber nicht schmeichelhafter: „verworren, geschmacklos, dunkel, roh“. Die Kathedrale Notre Dame ist ein Paradebeispiel gotischer Baukunst.

BRÖTCHEN, SEMMELN UND WIE SIE ALLE HEISSEN

1) Alle lieben sie, vom Frühstückstisch sind sie kaum wegzudenken und überall heißen sie anders, die Brötchen ... oder Semmeln oder ... Wie nennt man Brötchen in Hamburg?

a) Klopfbrot
b) Rundstück
c) Mehlklops

2) Aber es gibt im deutschen Sprachraum noch mehr lustige Begriffe für das, was man gemeinhin als Brötchen bezeichnet. Welche Bezeichnung ist nur ausgedacht?

a) Laabla
b) Bömmel
c) Zupfel

1b) In Hamburg bestellt man beim Bäcker ein Rundstück, wenn man ein Brötchen möchte. Beliebt ist übrigens auch das „Rundstück warm“. Dabei wird zwischen die Brötchenhälften warmer Braten mit Sauce gesteckt. Fertig ist der Hamburger.

2c) Die Bezeichnung Zupfel ist bisher nicht dokumentiert. Laabla nennt man Brötchen in Oberfranken und Bömmel heißen sie auf der Insel Hiddensee. Aber es gibt noch mehr lustige Brötchenbezeichnungen: In Bremen heißen sie Krosse, in Berlin Schrippen und in Franken Kipf. Darauf eine leckere Wurstsemmel!

Ab heute sage ich immer Zupfel. Dann ist das Quiz bald veraltet.

Kaffeemühle

K

Jeden Morgen leite ich mit dem Einsatz meiner knapp 70 Jahre alten Kaffeemühle ein. Für zwei Handvoll Bohnen mahle ich ungefähr so lange, wie der Wasserkocher braucht, um die passende Wassermenge zu erwärmen.

Ja, die Erfindung der Kaffeemühle war schon ein wichtiger Schritt für die Menschheit. **Welche Erfindung hing auf gewisse Weise ebenfalls sehr eng mit Kaffee zusammen?**

Um die Lösung herauszufinden, müssen Sie lediglich herausfinden, welche Buchstaben des ABCs auf dieser Kaffeemühle fehlen. Diese ergeben in der richtigen Reihenfolge das Lösungswort!

ANTWORT

Die erste **Webcam** wurde 1991 auf eine Kaffeekanne gerichtet. Für die Wissenschaftler der Cambridge University war der Weg zur Kaffeekanne zum Teil sehr weit. Wie enttäuschend, wenn diese dann auch noch leer war. Also installierten sie eine Kamera, die mehrmals pro Minute Bilder schickte, welche über die Kaffeefüllhöhe Aufschluss gaben.

Die kraftvolle Kurbelei an der Kaffeemühle bringt jedenfalls meinen Kreislauf in Schwung und soll überdies – so erhoffe ich es mir jedenfalls – meine altersbedingt verkalkte Schulter mobilisieren. Kein denkbarer Tagesbeginn erfüllt den Kaffeemüller mit ähnlichem Schöpferstolz, nichts befriedigt mich am vorderen Tagesrand mehr als eine selbstgemahlene Tasse Kaffee – ich nenne dieses Glücksrezept das „Kaffeemühlen-Prinzip“. Zur Nachahmung empfohlen!

AUCH MAL EINE REISE WERT ...

1) In Redmond, einer Stadt im US-Bundesstaat Washington, befindet sich ...

a) der schwärzeste Raum der Welt
b) der leiseste Raum der Welt
c) der größte Raum der Welt

2) Wer ein echtes Abenteuer erleben möchte, der sollte unbedingt den Frying Pan Tower besuchen, denn dabei handelt es sich um ...

a) das gefährlichste Hotel der Welt
b) den wackeligsten Turm der Welt
c) das Gebäude mit der höchsten Außentreppe der Welt

Anfang der 90er hielt ich es für eine gute Idee, mein Schlafzimmer schwarz zu streichen. Das Ergebnis sah nicht nur schäbig aus (weil es eben nicht restlos schwarz geriet), sondern verursachte zuverlässig gruselige Träume, sobald ich mich hinlegte.

1b) Im Microsoft Headquarter in Redmond, Washington, befindet sich ein schalltoter Raum, der leiseste Raum der Welt. Zwiebelartig aufgebaute Betonschichten sorgen dafür, dass der Schall gedämpft wird. Darin hört man sein Herz schlagen, sein Blut rauschen und seine Gelenke knacken. Aufgrund des völlig anderen räumlichen Bewusstseins durch den fehlenden Nachhall kann es sogar zu Gleichgewichtsstörungen kommen. Gedacht ist der Raum dazu, neue technische Geräte zu testen.

2a) Der Frying Pan Tower gilt als gefährlichstes Hotel der Welt, denn er liegt 34 Meilen vor der Küste North Carolinas mitten im Meer. 1964 erbaut, diente er bis 1992 als Leuchtturm. Eine gewisse Abenteuerlust muss man schon mitbringen, wenn man seinen Urlaub auf dem Frying Pan Tower verbringen möchte, sieht das Gerüst mittlerweile doch schon sehr rostig aus.

UNPROMINENTE PROMI-FAKTEN

1) Sean Connery gehörte ohne Zweifel zu den ganz großen Legenden Hollywoods. Wie verdiente er unter anderem sein Geld, bevor er Schauspieler wurde?

a) als Kindergärtner
b) als Schlangenbeschwörer
c) als Sargpolierer

2) Welche Aussage über den weltberühmten Jazzmusiker Louis Armstrong stimmt *nicht*?

a) Er konnte den Song *What a Wonderful World* nicht ausstehen.
b) Mit elf Jahren wurde er wegen Waffenmissbrauchs verhaftet.
c) Er machte, auf einer Toilette sitzend, Werbung für Abführmittel.

Schlangenbeschwörer und Kindergärtner sind gar nicht sooo unähnlich. Wäre beides was für mich.

1c) Sean Connery wuchs in ärmlichen Verhältnissen auf und schlug sich bis zu seinem Durchbruch als Schauspieler mit unterschiedlichen Jobs durch, unter anderem als Sargpolierer, Aktmodell und Druckergehilfe.

2a) Dass Armstrong eine Abneigung gegen seinen wohl größten Hit entwickelte, ist nicht bekannt. Zutreffend ist jedoch, dass er mit elf Jahren in der Silvesternacht eine Pistole in die Luft abfeuerte und deswegen in ein Erziehungsheim musste. Außerdem war Armstrong bekennender Fan von Abführmitteln und es existieren Werbefotos, die ihn grinsend mit heruntergelassener Hose auf einer Toilettenschüssel zeigen, in der Hand eine Packung Abführmittel, darunter der Slogan „Leave It All Behind Ya“ (in etwa: „Lass alles hinter dir“).

DAS VEREINSLEBEN ALS BEREICHERUNG UNSERER GESELLSCHAFT

1) Ein Kommunalpolitiker aus Neuwied wurde 2004 zum Rücktritt aufgefordert, weil er Vorsitzender in folgendem Verein war:

a) Furz dich frei e. V.
b) Rülpsgesang Deutschland e. V.
c) Weit- und Zielspucken Neuwied e. V.

2) Welcher Verein wurde 1964 in Wildeshausen gegründet? Der ...

a) Brummkreiselverein
b) Verein der Staubsaugervertreter
c) Verein der Liebhaber von Kaugummiautomaten

1a) Bei Furz dich frei e. V. handelt es sich um einen Spaßverein. Amtskollegen forderten nach Bekanntwerden der Mitgliedschaft eines Kommunalpolitikers dessen Rücktritt, da sein ungewöhnliches Hobby mit seinem Amt nicht zu vereinbaren sei.

2a) Der Brummkreiselverein wurde 1964 in Wildeshausen gegründet. Mit Brummkreisel ist hier das historische Spielgerät gemeint, das auf der Straße mithilfe von Peitschenhieben angetrieben wird. Alle fünf Jahre verleiht der Verein den Goldenen Brummkreisel an Wildeshausener Persönlichkeiten.

Mein Papa war jahrzehntelang der „Waldmeister" des Brummkreiselvereins (gemeint ist der Pressewald, also war er: Pressesprecher). Unter anderem versuchte er, das Brummkreiseln zur olympischen Disziplin zu machen, und schrieb Briefe an das NOK, die wohl auch einmal von NOK-Chef Willi Daume beantwortet wurden. Abschlägig, wie wir wissen.

WIGALD
BONINGs
GROSSES QUIZ
DER ABSUR-DITÄTEN
Fragen und Anekdoten zu Blödsinn aus aller Welt
moses.

WIE ABSURD!

Der Inder Antony Victor hält einen haarigen Weltrekord: 18,1 cm maß seine Haarpracht. Sie ahnen es sicher – das Haupthaar kann nicht gemeint sein. Zum einen, weil bereits Dieter Bohlen zu Brother-Louie-Zeiten diesen Rekord rasiert hätte, und zum anderen, weil man mit einem solch profanen Fakt sicher keine Erwähnung in einem Quiz über Absurditäten fände. Und Sie haben natürlich Recht! Das victorsche Rekordhaar spross nicht aus seiner Kopfhaut, sondern aus ... seinen Ohren.

Wenn Sie an derlei Absonderlichkeiten kein Interesse haben: schade! Ich hoffe, Sie haben den Kassenzettel aufgehoben? Alle anderen seien hiermit umso herzlicher willkommen geheißen zu meinem absurden Quiz! Hier zählt kein trockenes Schulwissen, sondern die Freude am Erschnüffeln und Erraten von Kuriositäten aus aller Welt.
Viel Spaß dabei!

Ihr Wigald Boning

WAS ERWARTET SIE IN DIESER BOX?

DIE QUIZKARTEN
Hier quizzen Sie sich durch ein buntes Best-of von Absurditäten jeglicher Art; Kurioses über Kunststoffsandalen ist ebenso vertreten wie Mirakulöses zu Miniatur-Meuchelmördern. Zu jeder Frage kredenze ich Ihnen drei Antwortmöglichkeiten. Abseits der harten Fakten konnte ich mir bisweilen einen launigen Kommentar nicht verkneifen, daher finden Sie immer wieder Fußnoten.

DAS ANEKDOTEN-ABC
Hier wird's persönlich. Von A wie Alpensalamander bis Z wie Zylinderhut habe ich 26 absurde Anekdoten aus meinem beruflichen und privaten Leben aufgeschrieben. Auf jeder Karte gilt es zudem, eine Aufgabe zu lösen – mit Wissen allein kommen Sie hier nicht weiter, hin und wieder ist gar ein wenig Gehirnjogging vonnöten!

Nun aber genug der Vorrede, los geht's!

Impressum

Wigald Bonings großes Quiz der Absurditäten
ISBN 978-3-96455-200-6
1. Auflage 2023

Arnoldstraße 13d
47906 Kempen
Fon 0 21 52 - 20 98 50
Mail info@moses-verlag.de
www.moses-verlag.de

Alle Fakten wurden sorgfältig recherchiert und entsprechen dem Stand bei Drucklegung der Erstauflage.

Printed in China.

Autor: Wigald Boning
Cover und Design: Kreativbunker
Kartengestaltung und -satz:
Kirsten Küsters, PrePressPro
Lektorat: Christian Wöllecke
Redaktion: Nicola Berger, Lukas Mai
Herstellung: Nicole Bienia

Bildnachweis

Cover Fotos Wigald Boning: Everyday Productions GmbH | Erdmännchen: GoodFocused/Shutterstock | Hering: Arthur Balitskii/Shutterstock.

Quizkarten Taschentuch: Viktoriya Pa/Shutterstock | Marderbär: Fabian Junge/Shutterstock | Tirana: Ligak/Shutterstock | Bidet: Dmitrii Pridannikov/Shutterstock | Kanada-Flagge: Sunflowerr/Shutterstock | Notre Dame: TTstudio/Shutterstock | Dietriche: Pavel K/Shutterstock | Puschkinie: R. Knapp/Shutterstock | Wombatkot: Wattlebird/Shutterstock | Erdmännchen-Silhouette: Zhenyakot/Shutterstock | Weinglas: grey_and/Shutterstock | Wetter-Icon: kotoffei/Shutterstock | Waage: Pixel-Shot/Shutterstock.

ABC-Karten A Erdmännchen: Kuznetsov Alexey/Shutterstock | B Frauenkirche: engel.ac/Shutterstock; Baguette bergamont/Shutterstock | C Kittel: Africa Studio/Shutterstock; Reis: MaraZe/Shutterstock; Barde: Lilanakani/Shutterstock; Blume: Mantiska/Shutterstock; Riese: holycat/Shutterstock; Radio: Steve Collender/Shutterstock; Nuss: BudOlga/Shutterstock; | F Stoppschild: LDDesign/Shutterstock; Führerschein: PhotographyByMK/Shutterstock | J Gürteltier, Leopard & Blindschleiche: Eric Isselee/Shutterstock; Emu: photomaster/Shutterstock | K Kaffeemühle: Sunnydream/Shutterstock | L Litschi: grey_and/Shutterstock; Topf: bestv/Shutterstock; Blatt: Kaiskynet Studio/Shutterstock; Horngurke: Bjoern Wylezich/Shutterstock | P Pullunder: VLAD - BITTE/Shutterstock; Muster: Curly Pat/Shutterstock | R Rasentextur: imstock/Shutterstock; Fleischtextur: dstef222/Shutterstock | S Köder: PavloArt Studio/Shutterstock | T Funkmast: DEEMKA STUDIO/Shutterstock | U Nudel: Murvin/Shutterstock | V Venedig: Dan Novac/Unsplash; Eis: Nataliia Pyzhova/Shutterstock | W Hangman: KRPD/Shutterstock | X Labyrinth: Diana_Karch/Shutterstock | Y Discokugel: Gl0ck/Shutterstock; Yukon: A. Michael Brown/Shutterstock | Z Zylinder pixelklex/Shutterstock; Eierkarton: somyot pattana/Shutterstock; Sonnencreme: flight of imagination/Shutterstock; Reisepass: Berit Kessler/Shutterstock | ABC-Buchstaben: OlgaLis/Shutterstock | Studiomotive Wigald Boning: Everyday Productions GmbH | Alle sonstigen Fotos und Bilder: Wigald Boning.

ABC-Karten Hintergründe Shutterstock, in alphabetischer Folge: A DigitalArt_2020; B MaraZe; C Evgeniya Khudyakova; D ALEXEY FILATOV; E Gerain0812; F Yanawut.S; G J. Zhuk; H Asha Natasha; I teh_z1b; J norikko; K Katerina Tyshkovskaya; L Lisla; M Tond Van Graphcraft; N Sergio Lucci; O Polina Raulina; P Yaninjart; Q Africa Studio; R Mironova Iuliia; S art of line; T Piotr Zajc; U Spacewo; V paseven; W Lina Safina; X PEACE ECOLOGY; Y Gilmanshin; Z Everett Collection.